Originalausgabe | © 2024
in Farbe und Bunt Verlag
Am Bokholt 9 | 24251 Osdorf

www.ifub-verlag.de
www.ifubshop.com

Herausgeber: Björn Sülter
Lektorat & Korrektorat: Telma Vahey
Cover-Gestaltung: EM Cedes
Satz & Innenseitengestaltung: EM Cedes
Innenseiten- & Coverillustration: Stefanie Kurt

Print-Ausgabe gedruckt von:
Bookpress (Polen)

ISBN (Print): 978-3-95936-386-0
ISBN (Ebook): 978-3-95936-387-7
ISBN (Hörbuch): 978-3-95936-388-4

HINWEISE

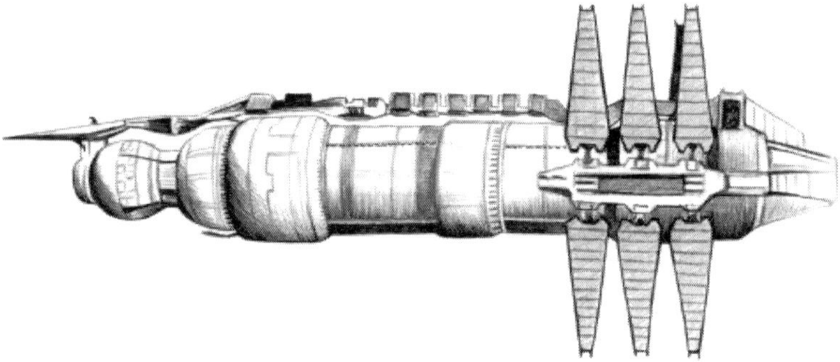

PETER OSTERIED

mit Beiträgen von Claudia Kern,
Thorsten Walch & Björn Sülter

DIE BABYLON 5 CHRONIK

BAND 3 - STAFFEL 3

PUNKT OHNE WIEDERKEHR

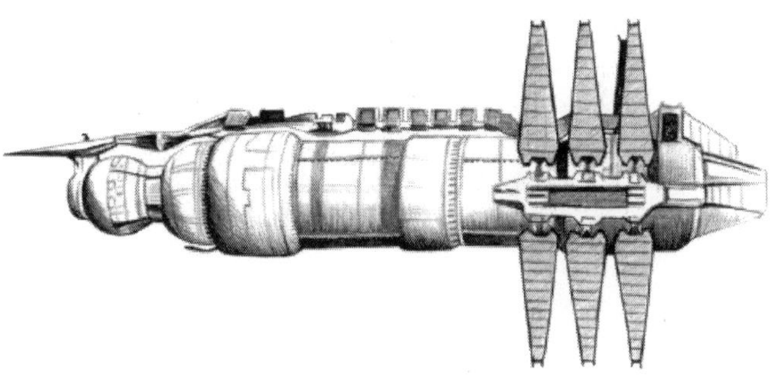

in Farbe und Bunt

INHALT

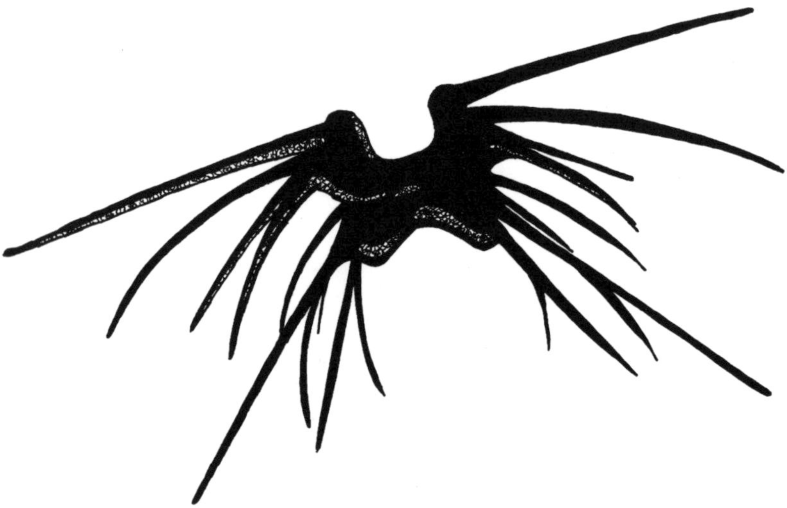

VORSPANN

Punkt ohne Wiederkehr

Herzlich willkommen zum mittlerweile dritten von sechs Bänden unserer Sachbuchreihe zur Serie *Babylon 5*. Wir freuen uns sehr darüber, dass die bisherigen Bücher so gut angekommen sind und wir nun bereits die Hälfte der Reihe für Sie fertig geschrieben haben.

Der Kollege Peter Osteried hat insbesondere mit seinen Episodenanalysen und all den Fakten drumherum erneut ein wunderbar informatives Buch gezaubert, das der starken und wichtigen dritten Staffel der Serie in meinen Augen absolut gerecht wird.

Eine kleine Änderung wird Ihnen, liebe Leserinnen und Leser, aber vielleicht schon aufgefallen sein. Die Kollegin Claudia Kern und ich haben einer Entwicklung Rechnung getragen, die sich in den ersten beiden Bänden herauskristallisiert hat: Peter Osteried leistet die Hauptarbeit an dieser Reihe, was allein schon an der Beschäftigung mit den Folgen liegt, sich aber auch noch eindeutig darüber hinaus entwickelt hat. Daher tauchen Claudia Kern und ich nun auf eigenen Wunsch nicht mehr als Co-Autorin und Co-Autor auf dem Cover auf, sondern werden nur noch für unser ergänzendes Material erwähnt. Denn das ist die Realität! Wenn Sie diese Reihe lieben, ist Peter Osteried dafür zu großen Teilen verantwortlich. Das wollten wir auch visuell herausstellen.

Die Änderung bringt jedoch auch noch den Vorteil mit sich, dass wir weitere Gastautoren lobend auf dem Cover erwähnen können: in diesem Fall den geschätzten Thorsten Walch, der sich mit Freude an den Schauspielerbiografien abgearbeitet hat. Sie sehen: Wie *Babylon 5* damals ist auch diese Chronik letztlich eine Teamarbeit, jedoch mit einem starken Captain am Ruder.

Das war beim dritten Jahr der Serie ehrlicherweise nur noch bedingt der Fall, was jedoch der Qualität gehörig auf die Sprünge half.

J. Michael Straczynski schaltete hier in den höchstmöglichen Gang und schrieb seine Serie im Alleingang. Alle Drehbücher des Jahres stammen aus seiner Feder. Und was soll ich Ihnen sagen? Das spürt man an jeder Ecke! Die Dramaturgie war nie dichter, die Gesamtgeschichte nie stimmiger, die Dialoge nie geschliffener. Was wäre gewesen, hätte er auch die letzten beiden Staffeln noch auf diese Weise schreiben können? Doch das ist ein Thema für die nächsten drei Bände.

Verschwenden wir nun nicht noch mehr Zeit, sondern lassen wir uns lieber (erneut) auf das vielleicht beste Jahr dieser spektakulären Serie ein. Sie hat jedes Wort, das über sie geschrieben oder gesprochen wird, verdient.

Also los: Wir schreiben das Jahr 2260. Der Name der Station: Babylon 5.

Ihr Björn Sülter

KAPITEL 1

Worldbuilding á la JMS

Babylon 5 fing an wie jede andere Serie auch: mit einer Idee. Damit alleine ist es jedoch nicht getan. Die Idee muss ausgearbeitet werden. Im Fall einer Science-Fiction-Serie, die in der Zukunft spielt, muss festgelegt werden, wann die Geschichte stattfindet. Die grundsätzliche Situation muss erläutert werden, der Sinn und Zweck der Station Babylon 5, aber auch, wie die verschiedenen Spezies zueinander stehen. Dann müssen die Figuren entwickelt werden. So weit unterscheidet sich die Serie nicht davon, wie andere Shows gestaltet wurden.

In einem gewaltigen Detail ist dann aber doch alles anders. Denn JMS hatte eine klare Vision für eine Geschichte, die im Verlauf von fünf Staffeln erzählt wird. Als *Babylon 5* debütierte, war die Idee linearen Erzählens abseits von Soaps im Grunde verpönt. Sie entwickelte sich erst in den 90er Jahren und ist heute die gängige Form bei Serien. Damals konnte man allerdings als Zuschauer froh sein, wenn der Showrunner und seine Autoren am Beginn der Staffel wussten, wo sie am Ende stehen wollten. Viel zu oft kam es später jedoch vor, dass die Macher keine Ahnung hatten, wie sie ihre Geschichte abschließen wollten.

Ein populäres Beispiel ist *The X-Files (Akte X*, 1993-2002). Die Serie war großartig darin, das Mysterium immer weiter auszubauen, mit reichlich neuen Fragen, geheimnisvollen Figuren und immer neuen Überraschungen. Aber irgendwann kam der Punkt, da merkte das Publikum, dass kein Plan existierte. Auch das war gängig. Jahre später erging es *Lost (Lost*, 2004-2010) nicht besser. Das Ergebnis war bei beiden Serien – und vielen anderen – gleich: Das Ende enttäuschte viele Zuschauer, weil es nicht halten konnte, was zuvor versprochen worden war. Die Autoren folgten dem Motto, die Geschichte zu entwickeln, während sie an ihr arbeiteten, aber eine Idee für das Ende hatten sie nicht. Ganz anders *Babylon 5.*

JMS wusste genau, wie er die Geschichte beenden wollte.

Er wusste auch genau, was in jeder Staffel passieren würde, aber er ließ sich genug Ausweichmöglichkeiten, um die Geschichte den Umständen anzupassen, etwa dem, dass Michael O'Hare die Serie verlassen musste, oder dem, dass plötzlich nach vier statt nach fünf Jahren Schluss sein sollte. Ebenso passte er sich an, als er das Pulver verschossen hatte und es plötzlich von Sender-Seite hieß: »Ach ja, übrigens, wir machen doch noch eine fünfte Staffel.«

Babylon 5 unterschied sich in Sachen Worldbuilding essenziell von allen anderen Serien. Denn die Geschichte existierte zur Gänze im Kopf ihres Schöpfers, er musste sie ›nur‹ in Form pressen. Das tat er nicht ganz allein, bzw. im Grunde schon, wenn es nur um die Geschichte geht. Aber Larry DiTillio, der in den ersten zwei Jahren bei der Serie als Autor und Produzent dabei war, war ebenfalls immens wichtig. Er entwickelte einen kompletten Guide mit allen Außerirdischen, denen er soziokulturelle und religiöse Hintergründe verpasste, die für die meisten Folgen keinerlei Relevanz besitzen, die aber den Autoren halfen, diese Außerirdischen zu verstehen.

Gleiches machte er mit den Hauptfiguren. Er schrieb diese Dossiers zu den Figuren, womit sie nicht zwangsläufig von JMS sanktioniert sind. Sie waren vor allem für ihn selbst gedacht, sie dienten aber auch als Grundlage. Vieles davon ist kanonisch; manches wurde durch spätere Folgen ausgehebelt, als JMS mit Beginn der dritten Staffel begann, alle Folgen eines Jahres selbst zu schreiben. Es gibt aber interessante Details, so etwa über Vir Cotto, dessen Eltern hier beispielsweise genannt werden. Seine Mutter Tyrina entstammt dem Haus Mollari. Das ist etwas, das in der Serie nie aufgegriffen wurde, das aber einen durchaus interessanten Hintergrund bildet.

Diese Art von Hintergründen entwickeln einige Serienmacher für ihre Figuren. Bei *Babylon 5* ist es insofern interessant, weil die Serie als Vision von JMS gelten muss, aber in der Frühzeit noch andere Stimmen konzeptionell mitwirkten. So machte sich DiTillio ausgiebig Gedanken über Telepathen und ihre Fähigkeiten, wie man sie in der ersten Staffel gesehen hat. Vieles von dem, was er in einem Konzeptpapier formulierte, wurde von JMS verworfen. Am Ende seines Konzepttextes formulierte DiTillio auch aus, wie die Stufen P1 bis P12 bei Telepathen aufgebaut sind und was das im Hinblick auf ihre Fähigkeiten bedeutet. Er hat festgelegt, wie es um diese Fähigkeiten bestellt ist, und nimmt die Klassifizierung, um zu zeigen, wie viele telepathische Fähigkeiten ein Mensch hat – von einer bis zu zwölf, die er gemeistert hat.

In der Serie wird das nie genauer spezifiziert, und doch ist dies ein interessantes Hintergrunddetail.

All das verblasst aber im Vergleich dazu, dass JMS seine Geschichte mit klarer Vision vorantrieb, und das ab der dritten Staffel noch intensiver als zuvor. Bei anderen Serien ist es ein ganzer Autorenstab, der sich Gedanken darüber macht, welche Geschichten eine Staffel erzählen und zu welchem Ergebnis sie am Ende kommen soll, falls es überhaupt eine Entwicklung gibt und nicht der Status Quo bewahrt werden soll. Das hat Vorteile, weil mehrere Kreative sich die Ideen um die Ohren hauen und daraus etwas ganz Neues erwachsen kann. JMS jedoch hat seine Geschichte wie einen Roman angelegt, der in den meisten Fällen auch von einem Autor oder einer Autorin alleine geschrieben wird.

In Hinblick auf das Worldbuilding erlaubte ihm das sehr viele Freiheiten, weil er sich mit niemandem abstimmen musste und genau wusste, wohin die Reise jeder Figur gehen sollte. Da er schon zu Beginn der ersten Staffel wusste, wo die Figuren im dritten oder auch fünften Jahr stehen würden, konnte er direkt darauf hinarbeiten. Er musste zudem wissen, was passiert, denn bei einem Roman kann man immer hingehen und in den ersten Kapiteln alles so verändern, wie man es braucht, wenn man beim zehnten Kapitel etwas machen will, das diese Änderungen notwendig macht. Bei einer Fernsehserie war ihm das verwehrt, weil die Episoden dann bereits existierten. Darum musste er von vornherein sicher sein, wie seine Geschichte aussehen sollte.

Das erlaubte JMS aber auch etwas, das kaum eine andere

Serie hat. Er konnte Ereignisse kommender Jahre mehr oder minder verklausuliert ankündigen. Während man die Folgen sah, war es praktisch unmöglich, diese Hinweise auf die Zukunft zu dechiffrieren, aber im Rückblick erlangen die einzelnen Folgen dadurch eine weitere Bedeutungsebene.

Im Kleinen haben Serien wie beispielsweise *Buffy the Vampire Slayer (Buffy – Im Bann der Dämonen*, 1997-2003) das gemacht, aber immer nur für eine Staffel. Hier wussten die Autoren, wer der große Antagonist sein sollte und wohin die Geschichte innerhalb von 22 Folgen führt. JMS hat das mit einem Volumen von 110 Episoden gemacht!

Es ist auch heute noch selten – egal, ob in der Science-Fiction oder auch anderswo –, dass die Schöpfer einer Serie wissen, was sie im dritten, vierten oder fünften Jahr machen wollen. Eventuell haben sie ein paar Ideen, eine Ahnung, aber eine komplette Geschichte ist nach wie vor die Ausnahme. Zumindest dann, wenn die Geschichte originär und keine Adaption vorhandener Romane ist wie beispielsweise *Game of Thrones (Game of Thrones – Das Lied von Eis und Feuer*, 2011-2019) nach George R.R. Martin, *Foundation (Foundation*, seit 2021) nach Isaac Asimov oder *3 Body Problem (3 Body Problem*, seit 2024) nach Cixin Liu.

So hebt sich *Babylon 5* in der Art, wie die Geschichte entwickelt, aber auch erzählt wurde, selbst mehr als 30 Jahre nach ihrem Debüt vom Gros anderer phantastischer Serien ab. Sie ist nach wie vor fast so etwas wie ein Solitär – ein Triumph der Kreativität und ein Beispiel dafür, wie auch mit limitierten Fernsehmitteln ganz groß erzählt werden kann.

KAPITEL 2

Die Stars der Serie
Teil 3: Claudia Christian
& Jerry Doyle

CHRISTIAN: DIE LEADING LADY

Starke Frauen waren auch im Science-Fiction-TV auf dem Vormarsch. Zwar übernahm keine solche das Kommando auf Babylon 5, doch dafür den Posten des Ersten Offiziers – Auftritt Lieutenant Commander (ab Staffel zwei Commander) Susan Ivanova, kyrillisch Сьюзен Ивáнова. Sie wurde nämlich im Russischen Konsortium der Erde geboren, genauer in St. Petersburg, dem früheren Leningrad. Und ihre Wurzeln sind der Ersten Offizierin von Babylon 5 sehr wichtig. Den Posten trat sie in der ersten regulären Serienfolge *Midnight on the Firing Line (Ragesh 3)* als Nachfolgerin von Lt. Cmdr. Laurel Takashima (Tamlyn Tomita) aus dem Pilotfilm an.

Wie fast alle Hauptfiguren ist auch die XO Commander Sinclairs und später Captain Sheridans (den sie durch den kurzen gemeinsamen Dienst auf der Transferstation Io bereits kennt) ein höchst ambivalenter Charakter. Zum einen pflichtbewusste Offizierin, die, wenn nötig, mit harten Bandagen kämpft, zum anderen überaus unsicher in Gefühlsdingen. Eine Rolle dabei spielt ihre schwere Jugend. Ihre Mutter war eine Telepathin, die sich dem PSI-Corps entziehen wollte und gezwungen wurde, ihre Fähigkeiten medikamentös zu unterdrücken, was sie in den Selbstmord trieb. Auch der Tod ihres Bruders im Minbari-Krieg und die Entfremdung ihres Vaters prägten sie. Bezüglich Ivanovas möglicher Bisexualität beließ J. Michael Straczynski es jedoch bei Andeutungen.

GESICHT AUF DEM SCHIRM

Der fantastische Bereich war für die am 10. August 1965 als Claudia Ann Coghlan im kalifornischen Glendale geborene Aktrice kein Neuland, als sie zu *Babylon 5* kam. Bereits mehrmals war sie in Genre-Produktionen aufgetreten. Zwar war sie kein ausgesprochener Star, doch man kannte ihr Gesicht durch zahlreiche Auftritte vorwiegend im TV.

Die gebürtige Kalifornierin (ihre Mutter Hildegard stammt übrigens aus Deutschland) verbrachte ihre Kindheit in Connecticut, wohin die Familie umsiedelte. Tragik erlebte auch sie schon in jungen Jahren, als der älteste ihrer drei Brüder bei einem von einem betrunkenen Autofahrer verursachten Unfall ums Leben kam. Der Wunsch, Schauspielerin zu werden, reifte früh in ihr. So ging sie mit 16 nach Hollywood, wo sie wegen ihrer Minderjährigkeit anfangs nur in begrenztem Umfang arbeiten durfte. Mit dem 18. Lebensjahr jedoch folgten gleich sieben erste Jobs im Jahr 1984, wofür sie den Mädchennamen ihrer Mutter annahm. In *Dallas* spielte sie noch eine namenlose Mini-Rolle, während sie bei einem Auftritt in *T.J. Hooker* neben *Star Trek*-Legende William Shatner mit Betty MacRae erstmals einen Rollennamen erhielt. In *Falcon Crest* spielte sie die Kate Mars, in *Riptide (Trio mit vier Fäusten)* Marion Gordon, in *Hunter* Roxanna Hoffmeyer und in *Mickey Spillanes' Mike Hammer* (bei uns ohne Autorenname) Cassie Conroy. Im gleichen Jahr sah man sie noch im TV-Mystery-Thriller *Calendar Girl Murders* (als *Der Model-Killer* auch bei uns zu sehen, übrigens mit Sharon Stone in der Hauptrolle) als junge Kara.

DIE BERÜHMTEN ROTEN STIEFEL

Es folgten weitere TV-Auftritte unter anderem in *The A-Team* (1985), eine erste reguläre Serienrolle in der kurzlebigen Soap *Berrenger's* (1985, übrigens neben dem späteren *Babylon 5*-Kollegen Jeff Conway) und im Pilotfilm zur Sci-Fi-Krimiserie *The Highwayman* (1987) als Love Interest der von »Flash Gordon« Sam J. Jones verkörperten Hauptfigur. Ebenfalls 1987 spielte sie ihre bis heute bekannteste Prä-Ivanova-Rolle. In Jack Sholders fürs Kino produzierter Science-Fiction/Horror/Action-Kombi *The Hidden* (bei uns mit dem Zusatz *Das unsagbar Böse* versehen) verkörperte Claudia die Stripperin Brenda Lee Van Buren. Das Bewusstsein der Dame wird darin von einem parasitären Alien-Organismus übernommen. Nach einer Verfolgungsjagd mit den beiden Filmhelden Kyle MacLachlan und Michael Nouri stürzt sie von einem Häuserdach in den Tod. Berühmter wurde jedoch Claudia Christians Einführungsszene im Film, bei dem man die von ihr gespielte Brenda Lee beim verführerischen Striptease in einer Rotlichtbar sieht. Nackt ist sie in ihrer Nebenrolle allerdings nicht zu sehen, wenngleich es eine Wet-T-Shirt-Szene gibt (alles andere kam erst später bei einem *Playboy*-Shooting). Legendär wurde jedoch ihr aus einem äußerst gewagten roten Kleid (mit freiliegender Kehrseite) und kniehohen roten Lackstiefeln bestehendes Outfit. Nicht wenige weibliche Fans regte dieses zur Nachahmung an. Probleme mit dem Auftritt hatte Claudia Christian in späteren Jahren übrigens nicht im Geringsten. Bei einem deutschen Convention-Auftritt in den 90er-Jahren holte sie einen interessierten jungen weiblichen Fan auf die Bühne und lehrte sie ihre lasziven Dance-Moves für den zum Kultfilm avancierten Streifen.

ALREADY BEEN THERE!

Ehe es Claudia Christian nach Babylon 5 verschlug (wo sie bis zum Ende der vierten Staffel regulär dabeiblieb sowie in zweien der TV-Filme und der vorab gefilmten Abschlussfolge mitwirkte), war sie weitere Male in Filmen und Serien aus dem erweiterten fantastischen Bereich zu sehen. Dazu gehörte die Gastrolle der Allison in einer Folge von *Quantum Leap (Zurück in die Vergangenheit,* 1989), die weibliche Hauptrolle der Polizeipsychologin Susan Riley im Horrorstreifen *Maniac Cop 2,* die der Samantha in der Fantasy-Komödie *A*

Gnome Named Gnorm (Upworld: Mein Kumpel, der Kobold, beide von 1990) oder noch kurz vor *Babylon 5* ein Auftritt in der kurzlebigen Science-Fiction-Serie *Space Rangers* (1993). Die Abenteuer einer Weltraumpolizeitruppe waren bei uns ebenfalls bei ProSieben zu sehen. Im erdgebundeneren filmischen Bereich sah man sie unter anderem 1988 als Iris in der Dramedy *Clean and Sober (Süchtig)* neben Michael Keaton und Morgan Freeman, der Titelrolle im schwarzhumorigen Kinostreifen *Hexed (Hexina,* 1993) sowie als Yvonne in der Actionkomödie *The Chase* (bei uns mit dem Zusatztitel *Die Wahnsinnsjagd,* 1994) neben Charlie Sheen.

PERSÖNLICHE SCHATTENSEITEN

Nach ihrem Ausstieg aus dem regulären Cast von *Babylon 5,* in dem sie in der letzten Staffel von Tracy Scoggins als Captain Elizabeth Lochley ersetzt wurde, blieb Claudia Christian weiterhin in erster Linie Schauspielerin. Doch besang sie auch CDs (die erste davon mit ihrer Freundin Claudia Cummings) und schrieb mehrere Bücher, darunter das 2012 erschienene, nicht ins Deutsche übersetzte *Babylon Confidential: A Memoir Of Love, Sex, And Addiction.* Darin thematisiert Claudia Christian recht offen die dunklen Facetten ihres persönlichen Lebens fernab TV-Bildschirm und Kinoleinwand. So geht sie auf die eine Weile kursierenden Verschwörungstheorien über den Tod ihres Ex-Mannes ein, Drehbuchautor Gary DeVore, mit dem sie von 1988 bis 1992 verheiratet war. DeVore kam 1997 unter noch immer ungeklärten Umständen ums Leben, wobei von Mord ausgegangen wird.

Vor allem jedoch schreibt sie über ihre langjährige Alkoholabhängigkeit, die sie 2009 erfolgreich mit einer Therapie bekannt als »The Sinclair Method« angegangen war. Bei dieser umstrittenen Behandlung erhalten die Betroffenen den Opiathemmer Naltrexon, welcher das Trinkverhalten ohne Abstinenz positiv beeinflussen soll. Claudia Christian steht der gemeinnützigen Organisation C Three Foundation vor, welche über die Sinclair-Methode aufklären soll, und produzierte im Jahr 2014 den Dokumentarfilm *One Little Pill* über das Thema.

NACH BABYLON 5

Im Anschluss an *Babylon 5* fand Claudia Christian neben TV- und Filmrollen ein neues Betätigungsfeld auch im Computerspielbereich. So war sie nach Anfängen im 1995 erschienenen Weltraumflug-Simulator *Solar Eclipse* in der Videospieladaption des Films *Shrek 2* (2004), *The Elder Scrolls V: Skyrim* (2011), Spielen der Reihen *World of Warcraft* und *Call of Duty* (2016 bis 2018) sowie zuletzt *Fallout 76: Wastelanders* von 2020 mit von der Partie. Ihre Stimmgewalt stellte Christian auch 2001 im Disney-Film *Atlantis: The Lost Empire (Das Geheimnis der verlorenen Stadt)* als Helga Sinclair unter Beweis.

Im Fernsehen erhielt sie nach Gastrollen in Serien wie *Highlander: The Series* (1997), *Relic Hunter (Die Schatzjägerin,* 2001), *NYPD Blue (New York Cops,* 2001) und *Everwood* (2003) ab 2004 auch wieder eine Hauptrolle in einer Weltraum-Serie. In den sechs Folgen der kurzlebigen britischen Science-Fiction-Comedyreihe *Starhyke* (bei uns nicht gezeigt) spielt sie neben dem Original-Darsteller des Boba Fett aus den *Star Wars*-Filmepisoden V und VI, Jeremy Bulloch, Captain Belinda Blowhard. Die Kommandantin des Raumschiffes Nemesis soll eine reptiloide Alien-Rasse auslöschen, die durch eine Bio-Waffe den emotionslos gewordenen Menschen ihre Fähigkeit zum Fühlen zurückbringen möchte. Die prominente Besetzung der Serie kann allerdings nicht über ihren Trash-Charakter hinwegtäuschen. Sie ist, vornehm ausgedrückt, nur in kleinen Dosen genießbar, falls überhaupt.

Zuletzt sah man Claudia Christian als Polizeidienststellen-Leiterin Captain Elaine Maynard in *9-1-1* und hörte sie aus dem Mund von Göttergattin Hera in der Netflix-Animationsserie *Blood of Zeus.*

DOYLE: HARTE SCHALE, TIEFER ABGRUND

Ganz um stereotype Züge kam man beim Chief of Security nicht herum. Wer einen solchen Posten innehat, ist in der Regel kein sanfter Schöngeist, der in seiner Freizeit Poesie liest, weder hier auf der Erde noch auf einer Vielvölker-Raumstation. Andererseits verzichtete man für die Charakterzeichnung von CWO Michael Alfredo Garibaldi auf allzu klischeehafte Macho-Plattitüden. Stattdessen machte man ihn zu einem Mann, der mit inneren Dämonen kämpft, was nach vorherigen Andeutungen erst im späteren Serienverlauf so richtig hervortritt. CWO (steht übrigens für »Chief Warrant Officer«) Garibaldi war einer von nur vier Charakteren aus dem fast ein Jahr vorab herausgebrachten Pilotfilm, die bis zum Serienende dabeiblieben, und wirkte in zweien der TV-Filme mit. Doch gehört sein Darsteller auch zu den sieben bereits verstorbenen Mitgliedern des erweiterten Hauptcasts.

In *The Gathering (Die Zusammenkunft)* erfahren wir noch nicht allzu viel über »Mr. Garibaldi«, wie Centauri-Botschafter Mollari ihn mit seinem schnarrendem Bela-Lugosi-Akzent häufig anspricht. Die Frenemy-Beziehung der beiden wird ebenso klar wie die Tatsache, dass der harte Bursche auf der Station ein ausgesprochener Zyniker ist. Vielleicht als leise Referenz an damalige Kino-Actionhelden wie Stallone, Schwarzenegger … und da war doch noch ein anderer …

ME, NOT HIM!

Das Äußere Jerry Doyles springt den Zuschauer ab der ersten Szene mit ihm förmlich an. Natürlich sehen wir, dass das nicht wirklich Bruce Willis ist, ein Beinahe-Doppelgänger jedoch allerdings schon.

Jerry Doyle, am 16. Juli 1956 in Brooklyn/New York geboren, war sich der Ähnlichkeit mit dem Star aus *Die Hard (Stirb langsam)* und *The Last Boy Scout* definitiv bewusst. Wie anders ließe sich sonst erklären, dass er in der Folge *Cool Hand Dave: Part 2 (David, der Mörder, Teil 2)* aus der

Serie *Moonlighting (Das Model und der Schnüffler)* als David Addison Wannabe ein Willis-Lookalike in dessen erster großer Rolle spielte? Doch haben es solche Ähnlichkeiten in sich und sind für die Karriere eines Schauspielers oft eher hinderlich als förderlich. In *Babylon 5* wurde das Ganze nicht weiter thematisiert, obwohl man natürlich nicht ausschließen kann, dass man Bruce Willis auch im 23. Jahrhundert noch kennt.

SCHAUSPIELER AUF VERSCHLUNGENEN PFADEN

Eigentlich hatte der junge Jerry ganz andere berufliche Pläne verfolgt. Nach dem Abschluss 1973 an der Pope John XXIII Regional High School in Sparta, New Jersey, wo der sportliche Typ Football und Basketball spielte, begann er ein Luftfahrt-Studium an der Embry-Riddle Aeronautical University in Daytona Beach, Florida, und absolvierte eine Piloten-Ausbildung. 1978 erlangte er den Bachelor of Science. Mancherorts ist zu lesen, dass er danach Verkehrspilot wurde, doch liegt die andere Version deutlich näher. Laut dieser nutzte er seine neuen Qualifikationen dazu, für Falcon Jets kommerzielle und militärische Flugzeuge zu verkaufen, wodurch sein anschließender Jobwechsel wesentlich nachvollziehbarer wird. Für zehn Jahre wurde er nämlich Investmentbanker bei Drexel Burnham Lambert an der New Yorker Wall Street, seinerzeit eins der größten Unternehmen der Branche.

Seinen ersten Schauspielauftritt im Jahr 1987 in *Moonlighting* verdankte er tatsächlich seiner Ähnlichkeit mit Bruce Willis, von dem weitere Doppelgänger in der Folge auftreten. Ein Freund hatte ihn darauf hingewiesen, dass man nach Lookalikes des Stars suche. Doyle sprach vor und wurde wenig überraschend genommen. Allerdings handelte es sich lediglich um eine Statistenrolle.

Trotzdem war das der Auslöser dafür, dass Jerry Doyle mit Mitte 30 erneut auf seinem Karriereweg abbog und beschloss, seine Brötchen fortan als Schauspieler zu verdienen. Dazu siedelte er 1991 zunächst von New York nach Los Angeles um und ging dort auf Rollensuche. Dies glückte zwar, doch große Erfolge konnte er anfänglich nicht verbuchen. Eine seiner ersten Beschäftigungen im schauspielerischen Bereich war eine Mini-Rolle in der seit 1987 bis heute laufenden Soap *The Bold and the Beautiful (Reich und schön),* in der auch sein späterer *Babylon 5*-Kollege Jeff Conaway (Zack Allan) Ende der 80er-Jahre mitgewirkt hatte. Immerhin blieb Jerry Doyle fast ein Jahr lang dabei.

Auch sein erster Kino-Auftritt war eine Statistenrolle, und zwar 1992 als namenloser Flugzeugpassagier im Wesley Snipes-Actioner *Passenger 57 (Passagier 57).* Witzigerweise wurde der Streifen häufig als »*Stirb langsam* über den Wolken« bezeichnet. Im Fernsehen war er bereits 1991 in zwei damaligen Serien zu sehen gewesen – in einer Folge der Serie *Reasonable Doubts (Die Staatsanwältin und der Cop)* sowie im gleichen Jahr und dem darauffolgenden in zwei Episoden von *Homefront (Ein amerikanischer Traum).* Zumindest trug er hier schon einmal (mit Gary Furlong in erstgenannter Serie und Stan in der zweiten) Rollennamen.

Die des Garibaldi in *The Gathering* wurde jedenfalls seine erste wirklich vollwertige Rolle, wenngleich sich die Handlung des *Babylon 5*-Pilotfilms nicht auf seine Figur konzentrierte. Er gehörte sodann zu den nur vier Darstellern, deren Charaktere in die Serie übernommen wurden.

STAR IN EINER SERIE

Während der Laufzeit von *Babylon 5* und danach teilte Jerry Doyle das Schicksal mehrerer seiner Serienkollegen und insgesamt vielen TV-Schauspielern. Straczynskis TV-Space Opera erlangte zwar Kultstatus, doch reichte ihre öffentliche Wahrnehmung auch für Jerry Doyle nicht dazu aus, um ihn zum Fernseh- oder gar Kinostar zu machen. Zwar hatte er 1995 zwischenzeitlich einen Gastauftritt in der Actionserie *Renegade* (bei uns mit dem Titelzusatz *Gnadenlose Jagd)* mit Lorenzo Lamas. Zudem lieh er 1996 einer Figur in der Zeichentrickserie *The Real Adventures of Jonny Quest (Die neuen Abenteuer von Jonny Quest)* sowie dem Titelhelden der kurzlebigen Science-Fiction-Cartoon-Reihe *Captain Simian & The Space Monkeys (Captain Simian und die Weltraumaffen,* 1996 bis 1997) seine Stimme und spielte den Rains im SchleFaZ-Kandidaten *Semi Automatic* (ebenfalls 1997). Doch der große Durchbruch kam nach *Babylon 5* nicht in Sicht.

Jerry Doyle tauchte immer wieder einmal in verschiedenen TV-Serien auf, darunter *Sliders (Das Tor in eine fremde Dimension,* 1999), *Beverly Hills, 90210* (2000), dem Direct-to-DVD produzierten Indiana-Jones-Nachzieher *Lost Treasure (Jagd auf den verlorenen Schatz,* 2003) oder *JAG (Im Auftrag der Ehre,* ebenfalls 2003) und *NYPD Blue* (2004), allesamt typische Ein-Folgen-Auftritte. Dieser nur mäßige Erfolg führte zu einem weiteren, letzten Karrierewechsel.

RADIOHOST UND POLITIKER

Jerry Doyle gab die Schauspielerei mehr oder weniger auf und wurde stattdessen Moderator der *Jerry Doyle Show* auf Talk Radio Network, die sich einiger Erfolge erfreute. Ferner gründete er eine Produktionsfirma für Independent-Filme und -Fernsehen, die unter anderem die Dokumentarreihe *Keep 'em Flying* über Flugzeuge aus dem Zweiten Weltkrieg realisierte. Als Produzent fungierte übrigens John Copeland, den Doyle durch dessen Arbeit an *Babylon 5* kannte.

Außerdem war Jerry Doyle politisch für die Republikaner tätig. Im Jahr 2000 kandidierte er für den 24. Kongresswahlbezirk Kaliforniens im US-Repräsentantenhaus, unterlag jedoch dem demokratischen Amtsinhaber. Dennoch blieb er der Politik verbunden und brachte 2009 das Buch *Have You Seen My Country Lately? America's Wake-Up Call* heraus.

PARALLELEN

Im wahren Leben war Jerry Doyle seit einem unbekannten Zeitpunkt – wie auch seine *Babylon 5*-Kollegin Claudia

Christian – alkoholabhängig. Als J. Michael Straczynski ihn zu der Serie holte, war er jedoch seit Längerem trocken und setzte sich für eine bessere öffentliche Aufklärung zum Thema Alkoholismus ein. Darum baute Straczynski dies in Garibaldis Charakterzeichnung ein. Schon in *Survivors (Ein Wiedersehen mit Folgen)* in Staffel eins wurde thematisiert, dass der Sicherheitschef die Suchterkrankung mit seinem Darsteller teilte und diese für sein Karriere-Aus als Gesetzeshüter auf dem Mars verantwortlich gewesen war. In der Folge erleidet Garibaldi einen Rückfall, den er jedoch – zum Unwillen Doyles – recht schnell überwindet. Daher kam sein Alkoholproblem gegen Ende der Serie in der Nebenhandlung erneut und diesmal weit intensiver auf den Tisch.

Wie stark Doyles Erkrankung sich auf sein Privatleben auswirkte, weiß man nicht. Bereits vor *Babylon 5* hatte er seine spätere Serienkollegin Andrea Thompson (Talia Winters) kennen und lieben gelernt, sie heirateten während der Arbeit an Staffel zwei 1995 und hatten einen gemeinsamen Sohn. Schon 1997 ließ sich das Paar wieder scheiden, Söhnchen Al blieb bei der Mutter.

Fans berichten, dass Jerry Doyle bei Convention-Auftritten in Deutschland einem guten Glas nicht abgeneigt gewesen sei, was auf einen Rückfall schließen lässt. Definitiv führten die Folgen seiner Suchterkrankung zu seinem frühen Tod am 27. Juli 2016, nur elf Tage nach seinem 60. Geburtstag.

Bis heute ist ihm das ehrende Andenken neben seinen Kollegen Mira Furlan, Michael O'Hare, Richard Biggs, Jeff Conway, Stephen Furst und Andreas Katsulas unter Fivern sicher.

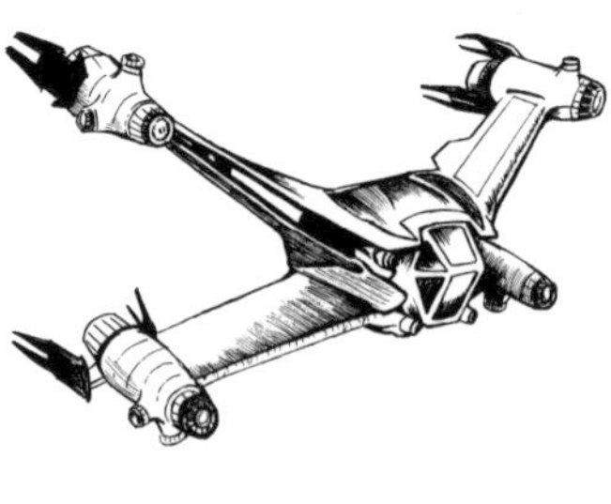

ZWISCHENSPIEL

Claudia Kern erinnert sich … an Momente mit Claudia Christian

Vor vielen Jahren war Claudia Christian auf der Fedcon zu Gast. Ihr Panel war am frühen Abend, also gingen wir anschließend zu sechst oder siebt zu einem italienischen Restaurant in der Bonner Innenstadt. Das war einer von diesen Edel-Italienern, wo man beim Bestellen einer Pizza angeguckt wird, als hätte man Chicken McNuggets bestellt.

Am Nebentisch saß ein Pärchen, Mann und Frau. Irgendwann stand die Frau auf und ging zur Toilette. Der Mann rief den Kellner und besprach etwas mit ihm; der Kellner nickte und kam eine Minute später mit zwei Gläsern Sekt zurück. Der Mann griff in die Tasche, nahm eine kleine Schatulle heraus und legte sie auf den Tisch zwischen seinen Teller und den der Frau.

In dem Moment stupste Claudia Christian die Person neben sich an und sagte: »Oh mein Gott, er macht ihr einen Antrag. Seht ihr das?«

Alle starrten zum Nebentisch. Der Mann war so nervös, dass er das nicht bemerkte.

Dann kam die Frau zurück. Sie ging auf den Tisch zu; ihr Blick glitt über die Gläser und blieb an der Schatulle hängen. Ihr Gesicht fror ein.

Claudia Christian: »Sie lehnt ab. Ach du Scheiße, sie lehnt den Antrag ab.«

So war es.

Die Frau musste nicht einmal etwas sagen. Sie setzte sich nur schweigend hin. Der Mann steckte den Ring ein. Der Kellner tauchte lächelnd mit der Vorspeise auf, sah die Gesichter und stellte die Teller einfach nur ab.

Die beiden aßen, ohne sich anzusehen oder ein Wort zu sagen.

Nach dem ersten Schock gingen die Unterhaltungen an unserem Tisch weiter. Nur Claudia Christian starrte weiter das

Pärchen an. Aus irgendeinem Grund ging ihr dieser gescheiterte Heiratsantrag so nahe, dass ihr die Tränen kamen. Sie fing an, laut darüber nachzudenken, ob sie etwas zu den beiden sagen sollte, aber was, wenn sie kein Englisch sprachen? Würde einer von uns übersetzen? Oder wäre das peinlich, wenn sie sich einmischte?

Wir waren bereits beim Nachtisch und zahlten, bevor das Pärchen mit der Vorspeise fertig war.

Der Weg nach draußen führte an deren Tisch vorbei. Ich war hinter Claudia Christian, als sie zur Tür zu gehen schien, sich jedoch plötzlich umdrehte, sich vor den Tisch stellte und beiden die Hand auf die Schulter legte.

Sie sagte: »Es tut mir so leid, dass ihr beide keine gemeinsame Zukunft habt, aber ich wünsche euch, dass ihr eine glückliche haben werdet. Alles Gute.«

Zum Glück sprachen sie Englisch. Und es war nicht peinlich, ganz im Gegenteil.

Diese freundliche Anteilnahme von einer Fremden war vielleicht genau das, was sie in diesem Moment brauchten. Sie bedankten sich, und alle machten mit ihrem Leben weiter. Aber bis heute denke ich jedes Mal, wenn ich an dem Restaurant vorbeigehe, an diesen Abend.

Und noch etwas fällt mir zu Claudia Christian ein …

Sie verließ *Babylon 5* relativ überraschend, was einige Kollegen verärgerte. Bruce Boxleitner war einer davon. Obwohl die beiden auf Cons gut miteinander auskommen, ist er mit dieser Entscheidung bis heute nicht einverstanden.

Als ich ihn einmal fragte, warum, sagte er: »Erinnerst du dich an *Gunsmoke (Rauchende Colts)?* Die Serie machte ihren Hauptdarsteller James Arness zum Star. Er spielte seine Rolle zwanzig Jahre lang. Wenn eine Serie gut zu dir ist, dann bleibst du ihr treu. Bis die letzte Folge abgedreht ist. Das ist Loyalität.«

KAPITEL 3

Inspiration: Der Einfluss von Klassikern auf *Babylon 5*

Kunst entsteht nicht im luftleeren Raum. In sie fließt außerdem immer ein, was der Künstler nicht nur erlebt hat, sondern auch, was er gelesen oder gesehen hat. Das heißt nicht, dass ein Künstler damit beginnt, zu kopieren, was ihm gefallen hat, sondern dass das, was er über Jahrzehnte rezipiert hat, einen gewissen Nährboden geschaffen hat.

Es gibt einiges, das JMS beeinflusst hat. Der Titel allein hat bereits Bedeutung, denn JMS wählte ihn, weil der babylonische Schöpfungsmythos durchaus Relevanz für die Serie hat. Dort heißt es, dass das Universum aus dem Konflikt zwischen Ordnung und Chaos entstanden ist – also aus genau dem, was die Vorlonen und die Schatten betreiben.

Ein wichtiger Einfluss für JMS war auch J.R.R. Tolkiens *Der Herr der Ringe*, und das nicht nur, weil er die Ranger direkt nach den Waldläufern in dem Buch benannt hat. Beide werden zudem angeführt von einem Mann bzw. einer Frau mit gemischtrassiger Herkunft. In Aragorn fließt das Blut der Menschen, Elben und Maiar; Delenn ist nach ihrer Transformation halb Mensch, halb Minbari.

Ähnlich ist auch, wie JMS die Schatten einführt, zuerst nur ganz subtil, dann immer größer und in größerer Menge – so wie die Schwarzen Reiter, als sie in Mittelerde auftauchen. Später wird Sheridan von Kosh gewarnt, dass er sterben wird, wenn er nach Z'ha'dum geht, so wie Gandalf von Aragorn gewarnt wird, wenn er die Minen von Moria betritt. Diese kennt man auch unter dem Namen Khazad-dum.

Sowohl *Der Herr der Ringe* als auch *Babylon 5* spielen während des dritten Zeitalters – bei der Sci-Fi-Serie ist es der Anbeginn des dritten Zeitalters, bei Tolkien das Ende. Die Schatten wiederum haben ebenso wie Sauron viele Diener und ganze Völker, die in ihren Diensten agieren. Namen passen ebenfalls. Sheridan wird von Lorien gerettet. Der Name erinnert an Lothlórien, auch kurz Lórien genannt. Dies war ein Elbenreich. Der Name Morden mag von Mordor inspiriert sein.

JMS war aber ebenso von William Shakespeare inspiriert – welcher Autor ist das schließlich nicht? Auch die Artus-Sage hat ihn immer begeistert, weswegen er sie in einer Folge sogar zum Kernthema gemacht hat. Später taufte er das Schiff in *Babylon 5: Crusade* auf den Namen Excalibur.

Der Science-Fiction-Film *Forbidden Planet (Alarm im Weltall*, 1956) ist Pflichtprogramm für jeden Sci-Fi-Fan – auch JMS hat ihn gesehen. Die große Maschine auf Epsilon III könnte von der altertümlichen Krell-Maschine in dem Film inspiriert sein. Das Konzept jüngerer Rassen wie die Menschheit, die sich über ihre primitiven Anfänge erheben und eine neue Existenzebene erlangen, könnte von Arthur C. Clarkes Roman *Childhood's End* (*Die letzte Generation)* abgeleitet sein – etwas, das JMS auch für die Menschheit in *Babylon 5* visioniert. Der Psi-Cop Bester wurde nach dem Autor Alfred Bester benannt – dieser hat den Roman *The Demolished Man (Demolition)* geschrieben. Hier geht es um Telepathen, die unter der Kontrolle der Esper Guild stehen – nicht unähnlich also dem Psi Corps. Das ist einer von JMS' liebsten Romanen, ein anderer ist Frank Herberts *Dune (Der Wüstenplanet).* Man könnte sagen, dass das Padishah Imperium bei Babylon 5 eine Analogie im Centauri Imperium gefunden hat. Die Bene Gesserit agieren ähnlich wie das Psi Corps, die Vorlonen erinnern an die Raumgilde, und die Narn haben Ähnlichkeiten mit den Fremen.

Die Schiffe der Erdallianz erinnern an das russische Schiff in *2010: The Year We Make Contact (2010 – Das Jahr, in dem wir Kontakt aufnehmen*, 1984), und einer der Technomagier trägt den Namen Elric – so wie Michael Moorcocks Antiheld.

Die Station Babylon 5 ist wiederum nicht von einem Film inspiriert. Vielmehr orientiert sich das Design am Konzept eines so genannten O'Neill-Zylinders. Das ist ein Weltraum-Habitat, das von dem Physiker und Weltraumpionier Gerard K. O'Neill entworfen wurde – in seinem Buch *The High Frontier* aus dem Jahr 1973. Das hat JMS auch selbst bestätigt, als er erklärte, dass Babylon 5 eine Raumstation der O'Neill-Klasse ist.

Natürlich ist *Babylon 5* aber eine gänzlich eigenständige Geschichte. Denn wie gesagt: Nichts entsteht aus der Leere; wir alle sind nur Gefäße, die mit Geschichten gefüllt werden und aus denen sich die Ursuppe unserer eigenen Ideen bildet.

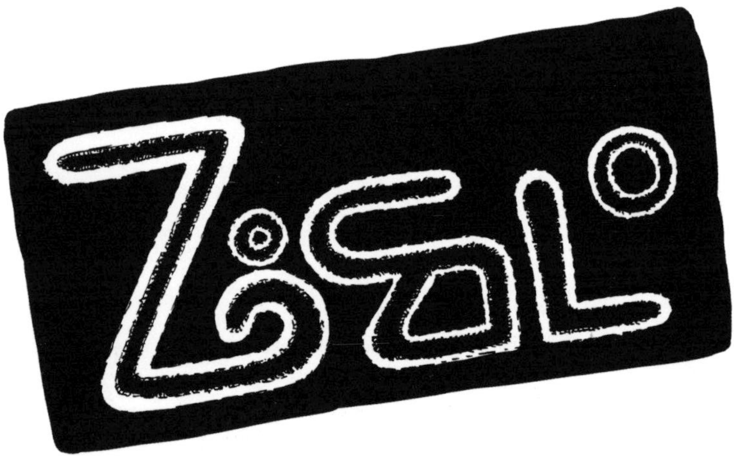

ZWISCHENSPIEL

Besucher der Station
Teil 3: Walter Koenig

Es ist schon eine Leistung, eine ikonische Sci-Fi-Figur zu spielen und zu prägen. Walter Koenig hat dies jedoch gleich zweimal getan: zuerst als Pavel Chekov auf der Enterprise in *Star Trek*, dann als Psi-Cop Bester in *Babylon 5*. Letztere war die dankbarere Rolle.

Der am 14. September 1936 in Chicago, Illinois, geborene Walter Koenig wuchs in Manhattan auf. Schon zu High School-Zeiten versuchte er sich als Schauspieler, wobei er ursprünglich geplant hatte, Psychologe zu werden. Ein diesbezügliches Studium brachte er zu Ende, verfolgte nebenbei aber weiterhin die Schauspielerei.

Koenig wirkte vor allem in vielen Theateraufführungen mit, die ihn auch nach Los Angeles brachten. Von einer ganz kleinen Rolle in *The Lieutenant* erinnerte sich Roddenberry an ihn, als er für die zweite Season von *Star Trek* den russischen Charakter Pavel Chekov konzipierte. Als Chekov wurde er beim Publikum sehr schnell beliebt, sodass sich Roddenberrys Mut, zu Zeiten des Kalten Krieges eine russische Figur in die Crew zu integrieren, als goldrichtig erwiesen hatte. Chekov war aber immer eine Nebenfigur, von gelegentlichen Folgen abgesehen, in denen er mehr in den Fokus rückte.

Nach dem Ende von *Star Trek* war er nur noch selten in Film und Fernsehen zu sehen. Dafür entwickelte Koenig sein Talent als Drehbuchautor weiter und schrieb u.a. für die Zeichentrickserie von *Star Trek*.

1989 war er in dem kleinen, aber sehenswerten Science-Fiction-Film *Moontrap* dabei. Zu dem Zeitpunkt war er vor allem als Chekov bekannt, seit die Crew der Enterprise ins Kino aufgebrochen war. Koenig spielte nicht nur in den ersten sechs, sondern auch im siebten Film *Star Trek: Gene-*

rations (Star Trek: Treffen der Generationen, 1995) mit. Es war eine kleine Rolle, die er nur bekam, weil Leonard Nimoy und DeForest Kelley abgelehnt hatten. Es war der Abschied von Chekov, sieht man davon ab, dass er die Figur später in Fanprojekten noch ein paarmal aufleben ließ.

Im Lauf der Jahre agierte er zudem neben *Star Trek*-Kollegen, so in der *Columbo*-Folge *Fade In to Murder (Mord im Bistro),* in der William Shatner die Hauptrolle spielte und Koenig kaum etwas zu tun hatte. Einen kleinen Part absolvierte er in Gene Roddenberrys Pilotfilm *The Questor Tapes (Ein Computer wird gejagt,* 1974). Im Film *InAlienable* (2007) agierte er neben Marina Sirtis.

Zu *Babylon 5* kam er, weil JMS natürlich auch ein Fan von *Star Trek* ist. Zuerst hatte dieser eine andere Rolle für Koenig angedacht, aber als der Schauspieler einen Herzinfarkt erlitt, musste neu besetzt werden. Ein Glück für Koenig, *Babylon 5* und die Fans, denn das eine wäre eine einmalige Sache gewesen; das andere wurde die wahrscheinlich beste wiederkehrende Figur überhaupt. Walter Koenig wurde zum Psi-Cop Bester und damit zu einem erstklassigen Schurken, den man stets aufs Neue gerne sah. Weil er bedrohlich wirkte, aber auch charmant – eine derart vielschichtige Rolle hatte Koenig zuvor nur selten bekommen. Chekov war garantiert keine solche. Von 1994 bis 1998 wirkte Koenig in zwölf Folgen mit.

Koenig war überdies als Autor tätig. Er schrieb ein Buch über die Entstehung von *Star Trek – Der Film*, verfasste einen Roman und zeichnete für verschiedene Comics verantwortlich. In *Star Trek* wollte er sich immer einbringen – für den zweiten Teil hatte er ein eigenes Treatment verfasst, aber Produzent Harve Bennett wollte eigene Wege gehen.

Der Schauspieler war von 1965 bis 2012 mit Judy Levitt verheiratet – erst ihr Tod trennte das Paar. Einen schweren Schicksalsschlag musste es im Jahr 2010 verkraften, als ihr Sohn Andrew Suizid beging. Er war wie sein Vater Schauspieler – gemeinsam spielten sie in *InAlienable.* Koenigs Tochter Danielle versuchte sich auch als Schauspielerin, ist aber als Autorin erfolgreicher.

Vor der Kamera steht er nur noch selten, auf Conventions tritt Koenig aber nach wie vor gerne auf – dort wird er als Chekov und Bester gleichermaßen von den Fans verehrt und geliebt.

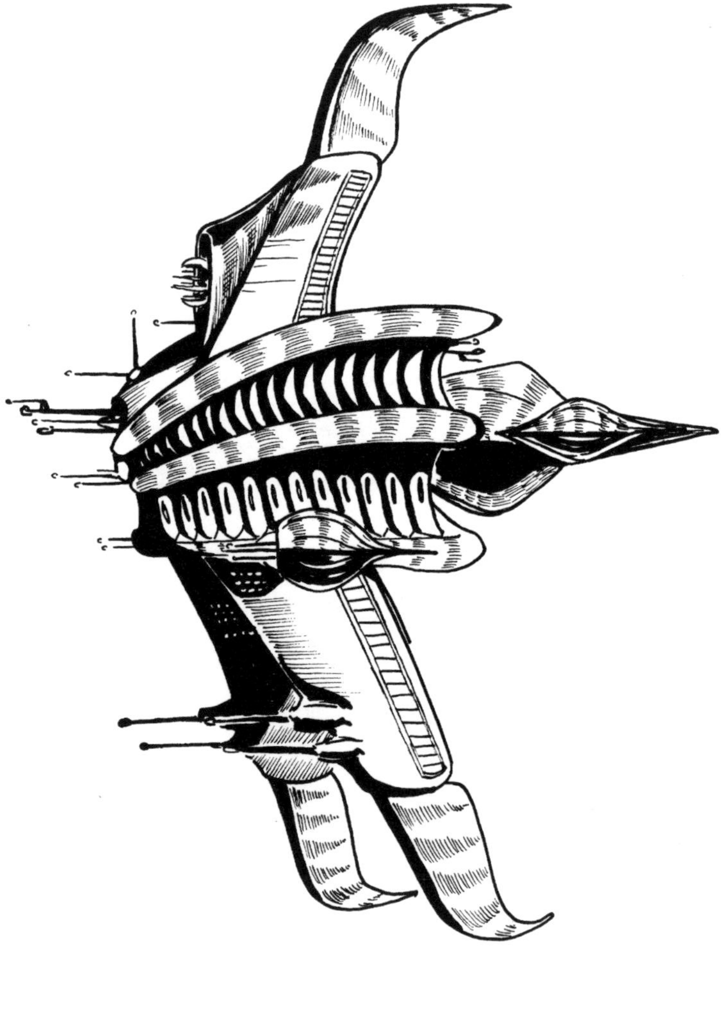

KAPITEL 4

EPISODENFÜHRER

STAFFEL 3 (1995/1996)
PUNKT OHNE WIEDERKEHR

»The Babylon Project was our last best hope for peace. It failed. In the year of the Shadow War it became something greater. Our last best hope for victory. The year is 2260. The place: Babylon 5.«

»Das Babylon-Projekt war unsere einzige und letzte Hoffnung auf Frieden. Diese Hoffnung scheiterte. Im Jahr, in dem der Krieg gegen die Schatten begann, wurde das Projekt zu etwas Größerem: zu unserer einzigen und letzten Hoffnung auf den Sieg. Es ist das Jahr 2260. Ort der Handlung: Die Station Babylon 5.«

Darsteller: Bruce Boxleitner (Captain John Sheridan), Jerry Doyle (Michael Garibaldi), Mira Furlan (Delenn), Peter Jurasik (Londo Mollari), Andreas Katsulas (G'Kar), Claudia Christian (Lt. Cmdr. Susan Ivanova), Richard Biggs (Dr. Stephen Franklin), Stephen Furst (Vir Cotto), Bill Mumy (Lennier), Jason Carter (Marcus Cole), Jeff Conaway (Zack Allan)

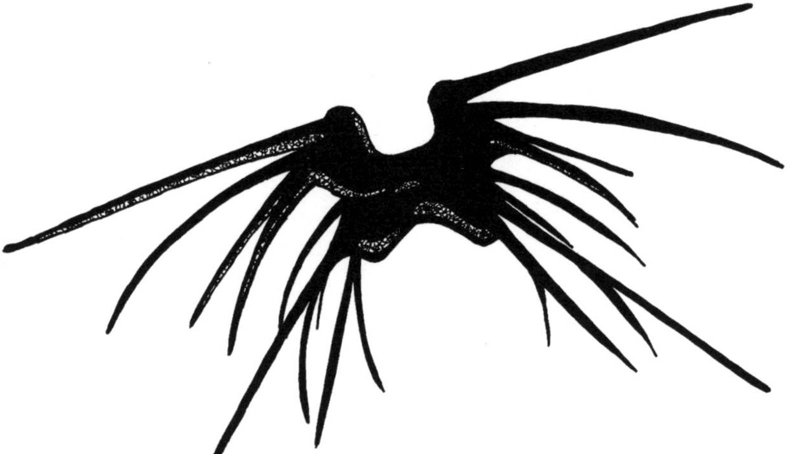

3.01
Matters of Honor
(Das Schattenschiff)

US-Erstausstrahlung: 6. November 1995
Deutsche Erstausstrahlung: 22. September 1996
Regie: Kevin G. Cremin
Drehbuch: J. Michael Straczynksi

Darsteller: Tucker Smallwood (David Endawi), Ed Wasser (Mr. Morden)

Inhalt

David Endawi kommt im Auftrag der Earthforce nach Babylon 5. Er spricht nach und nach mit jedem der Botschafter, denen er das Filmmaterial des Schattenschiffs zeigt, dem Warren Keffer zum Opfer fiel. Delenn lügt, Londo erzählt ihm von einem Traum, in dem diese Schiffe über seinen Kopf hinweg über Centauri Prime flogen, und G'Kar berichtet ihm vom großen Krieg von vor tausend Jahren, als diese Schiffe auf dem Planeten der Narn waren, sich für die Narn aber nicht interessierten. Derweil taucht der Ranger Marcus Cole auf der Station auf und bittet Sheridan um Hilfe für die Befreiung seiner Kameraden bei Zargos 7. Dort haben die Centauri eine Minen-Blockade errichtet. Sheridan will helfen und wird zusammen mit Delenn, Lennier und Ivanova zu einem neuen Schiff gebracht. Die White Star ist ein Kriegsschiff, das mit Minbari- und Vorlonen-Technologie gebaut wurde und keiner Spezies zugeordnet werden kann. Bei Zargos 7 kommt es zum Kampf mit einem Schattenschiff, das Sheridan auf sehr kreative Art und Weise vernichtet.

Auf der Station erfährt Londo, der seine Beziehungen zu Mr. Morden und seinen Partnern abgebrochen hat, dass dieser nun mit Lord Refa paktiert. Auf der Erde gibt Endawi seinen Bericht ab. Man ist zufrieden, dass niemand etwas über das Schattenschiff weiß. Das wird im Gespräch einer Senatorin mit Mr. Morden klar.

Hintergründe

JMS hatte die Entscheidung getroffen, alle Folgen der dritten Staffel – und darauf aufbauend auch der vierten Season – selbst zu schreiben. Das war etwas, das es im amerikanischen Fernsehen zuvor nicht gegeben hatte. Aus gutem Grund: 22 Folgen innerhalb eines Jahres zu schreiben und die Serie zugleich zu produzieren, ist ein immenser Gewaltakt. Aber JMS war der Meinung, dass es nicht anders ging. In den ersten beiden Staffeln war er noch in der Lage, strukturell so weit zu blicken, dass er freischaffende Autoren holen und ihnen verschiedene Geschichten zuweisen konnte. Mit der dritten Staffel wurde die Serie aber komplexer. Es war für JMS zusehend schwieriger, strukturell zu erkennen, wo man bei der zehnten oder jedweder anderen Folge stehen würde. Zudem mussten immer mehr Querverweise eingebaut werden, Ereignisse, die noch kamen, aber auf die man schon subtil verwies. Darum empfand der Showrunner es auch nicht als fair, Freelancer zu holen, deren Arbeiten er dann extensiv hätte umschreiben müssen. Nicht, weil die Autoren ihre Arbeit nicht gekonnt hätten, sondern weil sie eben nicht wussten, was die Zukunft dieser Serie bringen würde. Darum kam der folgenschwere Entschluss, alle Folgen selbst zu schreiben – und das nach zwei Jahren der Produktion, in denen er pro Nacht ohnehin nur drei oder vier Stunden geschlafen hatte.

Produzent John Copeland schickte JMS im Vorfeld zu einem Doktor. Er sollte sich bestätigen lassen, dass er in physisch guter Verfassung war. Vor jeder Staffel schickt man die Hauptdarsteller zu solch einer Untersuchung. Es ist eine Standardprozedur, die nur dazu da ist, sich versicherungstechnisch abzusichern. Denn die Hauptdarsteller sind versichert, und sollte einer von ihnen nicht mehr fähig sein, seine Aufgabe zu übernehmen und die Produktion im schlimmsten Fall stillgelegt werden, würde die Versicherung für den Ausfall aufkommen. Bei Autoren macht man das in der Regel nicht; hier war es aber notwendig. Denn wenn JMS wegen Erschöpfung tot umgefallen wäre, wäre die Serie am Ende gewesen. Letztlich war es eine sehr oberflächliche Untersuchung, im Grunde nur dazu da, ein Schriftstück für die Versicherung zu haben.

Mit dem Beginn der dritten Staffel gab es einige Veränderungen. Offenkundig ist der Vorspann mit einem neuen Intro-Text, aber auch einer neuen Vorstellung der Hauptdarsteller. Jeff Conaway wurde hier in den Hauptdarstellerstamm aufgenommen. Ein weiterer Neuzugang war Jason Carter als Ranger Marcus Cole. JMS wollte schon bei Sheridan gerne einen britischen Schauspieler, was der Sender aber ablehnte. Darum beschrieb JMS die Figur Cole einfach gleich als Brite – und darum wurden britische Schauspieler gesucht. Die meisten, die für die Rolle vorsprachen, waren große, durchtrainierte Männer, die typischen Action-Helden, die man sich bei der Rollenbeschreibung eines kampferprobten Rangers eben vorstellt.

Jason Carter war nichts davon. Er war dünn, geradezu drahtig. Aber er stach heraus, weil JMS in ihm etwas erkannte, das er in Marcus Cole unbedingt wollte. Dieses Gesicht strahlte etwas aus, eine Seele. Und er kam bei den Damen sehr gut an, nur bei einer nicht: Claudia Christian. JMS hatte ihr gesagt, dass Ivanova sich in einen Ranger verlieben würde. Auch sie hatte einen muskulösen Helden erwartet, meinte nun jedoch, einen Typen wie Jason Carter könnte ja sogar sie selbst umhauen. JMS baute auf dieses Ressentiment, weil Ivanova es ebenfalls hatte. Ivanova war über so viele Jahre so oft verletzt worden, dass sie eine Mauer um ihre Emotionen errichtet hatte. Talia Winters hatte sie überwunden, aber nach ihrem Verrat wurde diese Mauer noch mächtiger. Es brauchte darum einen Mann wie Marcus Cole, um sie zu überwinden, jemanden, der den Willen und die Geduld hatte, sich immer wieder Ivanova anzunähern und darauf zu setzen, dass sie ihre Gefühle für ihn entdecken wird.

Carter war wiederum froh, dass er keine enganliegende Uniform tragen musste wie bei *Star Trek*, weil er eben so hager aussah. Mit der Uniform der Ranger war er jedoch sehr glücklich und meinte zu JMS gar, dass er damit auch auf der Bühne Hamlet spielen könnte.

Neu eingeführt wurde die White Star, das erste Schiff einer später folgenden ganzen Flotte. Der Name ist perfekt gewählt. Das Flaggschiff der Minbari, das von Sheridan vernichtet wurde, war die Black Star. Nun kommandierte Sheridan, der Starkiller, das Schiff White Star. Das hat eine gewisse Symmetrie an sich – und das ist schließlich alles, wie Zathras schon zu berichten wusste.

JMS war mit dem Design des Schiffs nicht zufrieden. Für ihn sah es aus wie ein gerupftes Huhn. Aber jeder in seinem Umfeld fand es toll, weswegen er zu hinterfragen begann, ob er sich diesmal vielleicht irrte. Er entschied schließlich, der Schwarmintelligenz zu folgen; richtig warm wurde er mit dem Design der White Star aber nie.

Der Gaststar dieser Folge ist Tucker Smallwood. Der 1944 geborene Schauspieler hat in mehr als 120 Filmen und Serien mitgewirkt. In dem Jahr, in dem er bei Babylon 5 dabei war, erhielt er aber auch eine andere, militärische Rolle in einer Science-Fiction-Serie. Er wurde Commodore Ross in *Space: Above and Beyond (Space 2063*, 1995-1996) und war dort in 16 Folgen als Commander des Weltraumäquivalents eines Flugzeugträgers zu sehen.

Als Senatorin ist Kitty Swink zu sehen, während Andrew Walker den Psi-Cop spielt. Beide tauchen in *Babylon 5* nie wieder auf. Das ist ein bisschen eine verschenkte Chance, da man nach der gemeinsamen Szene mit Morden durchaus noch etwas mehr erwartet hätte.

Kommentar

Der Staffelauftakt greift die wichtigsten Elemente der vorherigen Episode auf, in Form eines Gesprächs von Sheridan mit Kosh, das – natürlich – kryptisch wie immer ist, vor allem aber mit der Ankunft von David Endawi, der als Ermittler nach Babylon 5 gekommen ist. Man hat das Gefühl, in ihm einen Schurken zu sehen, jemanden, der Sheridan und Co. gefährlich werden könnte, aber so ist es nicht. Ein schöner Twist am Ende zeigt, dass Endawi nur jemand ist, der Befehle befolgt. Er soll ermitteln, was es mit diesem geheimnisvollen Schiff auf sich hat, das im Hyperspace eine Starfury der Earthforce vernichtet hat. Das ist ein durchaus nachvollziehbares Vorgehen, wenn eine neue, potenzielle Gefahr auftritt und man versucht, mehr darüber herauszufinden.

Endawi ist hier nur ein Werkzeug; er weiß nicht, was seine Vorgesetzten im Schilde führen. Er ermittelt, und er erstattet Bericht. Viel ist es nicht, das er berichten kann. Am Ende zeigt sich dann, dass er völlig unwissend ist, wieso er ermittelt hat. Denn die Senatorin möchte nicht mehr über das Schiff herausfinden, sondern nur, ob andere etwas darüber wissen. Es ist eine wichtige Szene am Ende, als die Senatorin mit Morden spricht und auch ein Psi-Cop anwesend ist. Einerseits zeigt sich, dass Morden und seine Partner nicht nur mit den Centauri paktieren, sondern verschiedene Wege beschreiten und langfristig planen, und zudem, dass die Erdregierung unter Clark sich korrumpieren ließ. Der Psi-Cop sagt sogar, dass man das Video in seiner Funktion als Schreckgespenst nutzen kann, um die Veränderungen zuhause stärker zu forcieren.

In dieser Folge erfährt man außerdem, welchen Teil des Raums die Schatten für sich beanspruchen. Morden erklärt Londo, wovon sich die Centauri fernhalten sollen, dann kommt es auch zu keinem Konflikt. Im Gespräch Mordens mit der menschlichen Senatorin wird zudem klar, wieso er dafür gearbeitet hat, den Centauri-Narn-Krieg zu forcieren: weil die Narn mehr über die Schatten wissen, aber unter der Okkupation der Centauri keinerlei Bedrohung mehr darstellen.

Sheridan bekommt hier sein eigenes Schiff, das mächtiger als die meisten anderen ist und sogar die Fähigkeit hat, ein eigenes Sprungtor zu erzeugen. Ein bisschen konstruiert mutet aber an, wieso Sheridan extra von Babylon 5 zur White Star aufbrechen muss, um das Kommando zu übernehmen und die Blockade zu brechen. Hätte es nicht einen fähigen Minbari gegeben, der diese Mission hätte leiten können? Oder Marcus Cole? Aber JMS wollte Sheridan wohl auf der Brükke des Schiffs zeigen, um zu demonstrieren, wie kreativ er in einer Konfliktsituation ist. Als das Schattenschiff vernichtet wird, sieht Delenn ihn bewundernd an. Sie hat etwas Neues in ihm gesehen – seine unglaubliche Führungsstärke und den Willen, über sich selbst hinauszuwachsen.

Das Skript

Es gibt zwei Versionen des Drehbuchs. Bei der zweiten Version, dem Production Draft, gibt es nur wenige Änderungen im Vergleich zur fertigen Episode. Zwei Szenen sind im Skript länger, eine ist nur dort enthalten.

Entfernt wurde eine späte Szene, als David Endawi mit Garibaldi spricht, nachdem er gehört hat, dass Sheridan und Ivanova einem Notruf folgten, aber niemand sich an diesen Notruf erinnern kann. Garibaldi vertröstet Endawi damit, dass er das den Captain später selbst fragen soll. Die Szene ist im Grunde redundant, weil die letzte Szene mit Endawi auf der Station all das abhakt, ohne dass man es vorher schon einmal hätte durchkauen müssen.

Diese Szene ist dann im Skript etwas länger. Nachdem Endawi sich verabschiedet hat, meint Sheridan, dass er nicht glaubt, der Mann hätte ihnen die Geschichte abgenommen.

Sheridan: Well … I don‘t think he believed me. Don't you?
Garibaldi und Ivanova sehen ihn skeptisch an.
Sheridan: Lunch?
Delenn: Love some.

Danach ist die Szene mit dem Kriegsrat länger. In der Folge führt Sheridan auch djene ein, die bisher am Rand standen oder nur Teile wussten. Nur im Drehbuch regt Marcus Cole einen sichereren Ort für diese Treffen an, und Delenn erklärt, dass Lennier in ihrem Auftrag sprechen wird, wenn sie nicht da sein sollte.

Cole: You'll pardon my saying so, but I think you'll need something a little more secure than this office.

Ivanova: I'm in the process now of arranging for better facilities. Until then, Mr. Garibaldi's people will guarantee our privacy.

Und Delenn sagt kurz darauf noch: If for whatever reason I am not available, Lennier is authorized to speak on my behalf. I will support any decision he makes.

Dieser Production Draft war die zweite Version, die JMS geschrieben hat. Tatsächlich ist sein Original Draft ganz anders, denn eigentlich plante JMS, die Staffel damit zu beginnen, zu zeigen, wer der Mann ist, der die Station eigentlich gebaut hat. Er gab dieses Skript auch heraus, zog es am nächsten Tag jedoch zurück. Denn ihm wurde bewusst, dass durch die Ausstrahlungsreihenfolge des US-Senders PTEN das Momentum der Show erstickt werden würde. Das Staffelfinale der zweiten Season wurde nicht an deren Ende gezeigt, sondern zurückgehalten und an den Beginn der dritten Staffel gestellt. Das zwang JMS aber, alles nochmals zu überdenken, weil er sonst nach *The Fall of Night* erneut einen Vertreter des Ministry of Peace auf die Station gebracht hätte und diese Geschichte, so schön sie für sich stehend auch war, die Rasanz abgewürgt hätte, die die Serie mit der vorherigen Folge aufgenommen hatte.

Er behielt nur die Handlungsfäden mit Londo und Delenn/Marcus – wobei der Ranger hier nicht bewusstlos, sondern auf seinen Beinen auf die Station kommt – und schrieb ansonsten eine ganz neue Geschichte, die fortsetzte, was in der vorherigen Episode vorgekommen war.

Der Original Draft von *Matters of Honor* beginnt damit, dass Sheridan in einem Raumanzug im Null-G-Bereich der Ladebucht ist und die Sterne betrachtet.

Sheridan: I was thinking … it's a year ago today that I got here. Took me a while to get the hang of this place, but i finally got it … just in time for everything to start changing back home. And now … I've got this feeling in my bones, says this is gonna be one hell of a year.

Garibaldi kennt das Gefühl. Sheridan bedankt sich, dass Garibaldi damals nicht hingeschmissen hat – und dass er einer der wenigen ist, denen er vertraut. Garibaldi holt Sheridan von dort weg oder bittet zumindest darum.

Garibaldi: Can we go inside now?
Sheridan: If you insist …

Nach dem Teaser beginnt der erste Akt damit, dass Sheridan auf der Station ein Poster an einer Wand sieht. Es zeigt ein stilisiertes, heroisches Motiv und die Worte: STRENGTH THROUGH JOY. Ivanova erklärt ihm, dass diese Poster während seiner Abwesenheit ankamen, mit dem Befehl, sie in öffentlichen Bereichen aufzuhängen, in denen Earthforce-Personal sich treffen könnte.

Ivanova erklärt ihm, dass das Ministry of Public Morale die Poster geschickt hat – und nicht etwa das Ministry of Information, das Ministry of Internal Regulations oder eines der vielen anderen Ministerien, die zuhause wie Pilze aus dem Boden schießen. Außerdem unterrichtet sie ihn darüber, dass ein Abgesandter des Ministry of Peace zusammen mit einem VIP an Bord kommen wird.

Später wird Minister Jean Baptiste Legrande von Sheridan und seinen Leuten begrüßt. Der VIP, der ihn begleitet, ist Simon Drake. Der Mann kam mit der Idee des Babylon-Projekts auf und wurde seit fünf Jahren nicht mehr öffentlich gesehen. Er begrüßt nun Sheridan – und damit endet der erste Akt.

Das folgende Gespräch ist stark, denn Drake ist alles andere als zufrieden damit, was aus seinem Traum wurde. Er wollte nicht, dass Babylon 5 unter militärischer Kontrolle steht. Es sollte ein Projekt sein, das zivil geführt wird, woraufhin Minister Legrande entgegnet, dass nach der Vernichtung der vier vorherigen Stationen das zivile Budget aufgebraucht war und die Station nur mit Hilfe der Minbari und des Militärs möglich gemacht wurde.

Drake: Yes … and sometimes I wonder if those early attempts were sabotaged to create exactly that result.

Garibaldi fragt nach, ob er das ernst meint; Legrande versucht zu beschwichtigen. Man möge jetzt doch nicht über Politik reden. Da Drake Zweifel in Hinblick auf Babylon 5 bekommen hat und diese auch öffentlich äußerte, hat man ihn ›ermutigt‹, sich die Station selbst anzusehen. Darum ist er nun hier. Sheridan lädt ihn ein, sich wirklich alles anzusehen.

Drake: You are the custodian of my dream, Captain. Let's see how you've treated it.

Als Garibaldi später in einer Tube sitzt und eines der Propaganda-Poster sieht, darf er außerdem eine Propaganda-Botschaft anhören, die von einer weiblichen Stimme vorgetragen wird.

Stimme: Remember, your government likes you. Your government cares for you. You have a special place in the universe. You are a valued member of your community. You should be happy. Everyone around you is happy. Be happy with them. Give someone you don't know a smile. It's the greatest gift of all.

Danach spricht er mit Zack im Zocalo und sieht noch mehr Poster des Ministry of Public Morale. Der zweite Akt endet dann mit dem ersten Treffen von Delenn und Marcus Cole.
Der dritte Akt beginnt damit, dass Dr. Franklin Mr. Drake das Medlab zeigt. Er erkundigt sich danach, wer hier behandelt wird. Franklin erklärt ihm, dass jeder hier behandelt wird. Wenn er denn bezahlen kann, merkt Drake an. Franklin erwidert, dass man auch Mittel und Wege hat, jenen zu helfen, die weniger Glück im Leben hatten.

Drake: When I originally suggested the Babylon Project, all medical treatment was free.
Legrande: Mr. Drake, be reasonable … the government is not a limitless pool of money. The people back home have to pay for medical treatment, how can we possibly justify making an exception here?

Drake: Because this place is supposed to set an example for the rest.

Franklin ist etwas aufgebracht wegen dem, was Drake sagt. Er hält eine leidenschaftliche Rede darüber, dass die Einnahmen ohnehin nicht kostendeckend sind, aber man jedem hilft. Er selbst war auf vielen Welten und sah, dass man Mitgliedern anderer Spezies dort nicht half, wenn man nicht irgendeinen Vorteil daraus ziehen konnte. Aber auf Babylon 5 wird jeder gleich behandelt. Drakes Traum mag nicht hundertprozentig umgesetzt worden sein, aber man kommt ihm sehr nah.

Drake: Do you always talk this way to people who may control your destiny?

Franklin: Especially to those. Life's too short and the stakes are too high.

Drake: Then I retract my earlier comments. Thank you for your honesty, Doctor. It's quite refreshing.

Das Gespräch von Londo und Morden im Quartier des Botschafters ist etwas länger. Vir ist ebenfalls zugegen und meint zu Londo, dass er doch nicht die Galaxie so aufteilen könnte. Londo befiehlt ihm zu schweigen. Als Morden dann noch erklärt, welche Welt an der Centauri-Grenze seine Partner für sich wollen, fragt Vir nach Mordens Abgang, was sie wohl damit wollen. Auch Londo ist dies unklar, weil diese Welt – Zargos 7 – kaum einen Wert besitzt.

Während Sheridan und Delenn zur White Star fliegen, wird Legrande von Narn niedergeschlagen und Drake entführt. Der dritte Akt endet mit dem ersten Blick auf die White Star.

Im vierten Akt berichtet Legrande Garibaldi, was passiert ist. Der Sicherheitschef glaubt zu wissen, an wen er sich wenden muss: G'Kar. Bei der Suche nach Drake – und einem Kampf – trifft er auf den ehemaligen Narn-Botschafter. Er sagt ihm, dass sie reden müssen. Der vierte Akt endet mit der Zerstörung des Schattenschiffs im Jumpgate.

Der Epilog beginnt mit der Rückkehr von Sheridan und Ivanova auf die Station. Garibaldi erklärt, dass man Drake gefunden habe und er kein Gefangener der Narn sei. Aber das ist ein Problem. Dann treffen sie auf Drake. Er erklärt, dass er Babylon 5 zuhause kritisiert habe, weil er wusste, dass man ihn dann hierherschicken würde, um ihn vom Gegenteil zu überzeugen.

Nur dass man Legrande mitschicken würde, war ihm nicht klar. Darum musste man sich um ihn kümmern, um Drakes Abgang zu ermöglichen. Denn er hat entschieden, auf den Heimatplaneten der Narn zu gehen, weil er zuhause nichts gegen die zunehmende Unterdrückung tun kann, woanders aber schon.

Drake: Captain … Earth isn't the same world I grew up in anymore. For all their talk of peace, Earthgov is moving in the opposite direction. Back home there's more propaganda every day about Earth's place in the galaxy, more spying and intimidation … anyone who speaks out is immediately branded disloyal. There's no longer a place for me back home. If I stay, eventually I will be arrested, declared insane, or I will simply … dissappear.

G'Kar: Mr. Drake has volunteered to be smuggled into Narn. Once there, he will speak out about conditions on our world, broadcasting on a secret channel as an independent observer, chronicling the abuses my people are suffering.

Drake: The Centauri can only do what they're doing if no one knows about it. If I help spread the word, they will have to ease off.

Sheridan ist klar, was das für Drake bedeutet, wenn er in die Hände der Centauri fallen sollte. Aber Drake macht sich deswegen keine Sorgen. Er ist ein alter Mann, was können die Centauri ihm schon noch antun? Da er zuhause den Frieden nicht sichern kann, hofft er, zumindest in den Weiten der Galaxie etwas bewegen zu können. Drake erklärt Sheridan, dass er eine Botschaft senden wird, die klarmacht, dass die Verantwortung für seine Taten alleine bei ihm liegt und nichts mit Babylon 5 zu tun hat. Und dann hat er noch freundliche Worte für Sheridan.

Drake: Despite my earlier comments for Legrande's benefit … you've done well with my dream. Take care of her.

Dann schütteln sie sich die Hand, und Drake zieht mit den Narn ab.

Garibaldi: He's crazy, you know.
Sheridan: Maybe. But sometimes that's what it takes.

Die letzte Szene gehört dann Ivanova und Marcus im Zocalo – den Kriegsrat führt JMS in diesem Skript gar nicht ein.

Ivanova: So where are you going now?
Cole: I don't know. Haven't decided. Who knows … maybe I'll stick around for a while.
Ivanova: Marcus … I didn't have a chance to tell you, on the ship. I'm sorry about your brother.
Cole: Thanks. See you on the firing line, Commander.

Wertung von Kosh

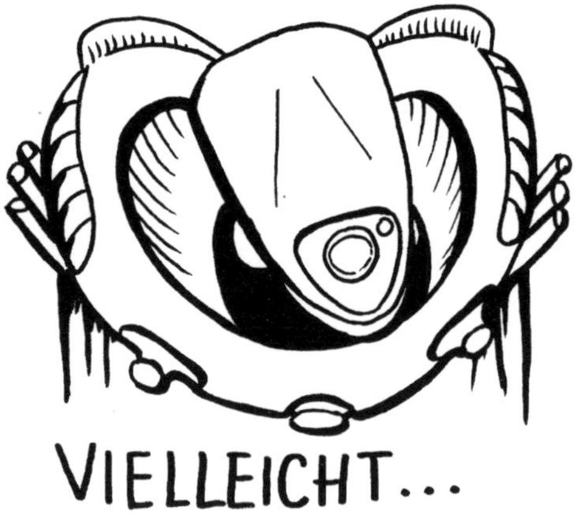

3.02
Convictions
(Bombenterror)

US-Erstausstrahlung: 13. November 1995
Deutsche Erstausstrahlung: 29. September 1996
Regie: Michael Vejar
Drehbuch: J. Michael Straczynski

Darsteller: Patrick Kilpatrick (Robert Carlson), Louis Turenne (Brother Theo), Cary-Hiroyuki Tagawa (Morishi), John Flinn (Nerviger Mann)

Inhalt

Bruder Theo kommt mit einigen Glaubensbrüdern auf die Station. Sie wollen dort permanent bleiben, da es ihr Ziel ist, mit außerirdischen Spezies über deren Vorstellung von Gott zu sprechen – sie sehen darin ein Wesen, das in vielerlei Namen und Gestalt überall gewirkt hat. Tatsächlich können die Glaubensbrüder aber auch in anderer Hinsicht helfen. Denn verschiedene Sprengstoffanschläge wurden auf der Station verübt. Dabei wurde auch Lennier verletzt, der Londo rettete und nun im Koma liegt.

Mit Hilfe von Theos Leuten können die Aufnahmen vor und nach den Explosionen ausgewertet werden. Ein Mann wird dabei identifiziert: Robert Carlson. Als man ihn stellen will, zwingt er Sheridan, sich ihm als Geisel auszuliefern, da er einen Totmannschalter in der Hand hält. Wenn er loslässt, wird die ganze Station vernichtet. Das gibt Garibaldi aber auch den Hinweis, wo nach der Bombe zu suchen ist. Sie kann gerade noch entfernt werden, bevor sie hochgeht.

Derweil waren G'Kar und Londo nach einer Explosion in einem Lift eingesperrt. Die Chance bestand, dass sie sterben, was G'Kar sehr begrüßt hätte, solange er vor seinem eigenen Ableben das Sterben Londos hätte beobachten können. Aber sie werden gerettet.

Hintergründe

Ein Thema, das JMS immer wieder angehen wollte, war Religion – und zwar nicht nur in den Ausprägungen, die man auf der Erde finden konnte. Darum wollte er eine wiederkehrende Figur und dachte zuerst an einen Militärkaplan der Earthforce, entschied sich dann aber dagegen, weil er dachte, es wäre besser, wenn diese neue Figur nicht Teil des Systems war. So kam er auf die Idee von Bruder Theo, einem Mitglied der Benediktiner. Diese wählte er, weil er es dem Publikum einigermaßen leicht machen wollte. Zudem war der Kontrast von Mönchen in ihrer Kluft, die sich seit Jahrhunderten nicht verändert hat, auf einer Raumstation interessant.

Zuvor hatte er noch daran gedacht, einen Baptisten-Prediger aus den Südstaaten zur wiederkehrenden Figur zu machen, entschied sich aber dagegen und benutzte sie nur einmal bei der Folge *And the Rock Cried Out, No Hiding Place*. Kurz spielte JMS mit dem Gedanken, buddhistische Mönche auf die Station zu bringen. Dann wurde es Bruder Theo, der in dieser Staffel noch zweimal auftritt.

Eigentlich hatte JMS in dieser Folge auch einen Cameo-Auftritt für Harlan Ellison gestaltet. Er sollte den nervigen Mann spielen, der Lennier im Zollbereich ohne Punkt und Komma zutextet. Letztlich kam es nicht dazu, dass Ellison die Rolle spielte. JMS beriet sich mit John Copeland, wer es dann tun sollte. Man testete ein paar Schauspieler; schließlich kam jedoch die Idee auf, dass Chefkameramann John Flinn den kleinen Part spielen könnte. Der war sogleich Feuer und Flamme dafür und probte seinen Text ohne Unterlass. Nettes Detail am Rand: Lennier wird den Mann los, indem er sagt, dass er eine ansteckende Krankheit hat. Netter's Syndrome ist nach dem Ausführenden Produzenten Doug Netter benannt worden.

Die Geschichte, die JMS entwickelte, trieb den großen Storybogen nicht voran, er fand sie aber zumindest wichtig, weil sie zeigte, wie die Figuren an Bord der Station auf die Bombenanschläge reagierten. Und es erlaubte ihm, in Gesprächen der Figuren mögliche Täter ins Spiel zu bringen und damit dem Zuschauer die Narn, die Centauri, Home Guard und die

Free Mars-Bewegung ins Gedächtnis zu rufen. Dennoch: Die Geschichte gab wirklich nicht viel her.

JMS hatte zudem das Problem, dass Londo gleich bei zwei Explosionen dabei war. Er befürchtete, das könnte die Glaubwürdigkeit untergraben. Also dachte er darüber nach, Lennier nicht Londo, sondern jemand anderen retten zu lassen. Aber das war erzählerisch weniger reizvoll, weil er dann einen Unbekannten gerettet hätte, in den der Zuschauer nicht emotional investiert hatte. Außerdem hätte es den großen Londo-Moment an Lenniers Krankenbett so nie gegeben. Also entschied er sich, dass Londo eben doch das unwahrscheinliche Pech hat, gleich zwei Explosionen erleben zu müssen.

Die nachfolgenden Szenen im Lift wollte er gänzlich anders gestalten, als man das erwartet. Derartige Szenen hat fast jede Serie, in der zwei Figuren, die sich hassen, zusammenarbeiten müssen, um zu überleben. JMS mag diese Art Szenen nicht, und so stellte er sie auf den Kopf, indem G'Kar sich einfach weigert. Für ihn ist es gut genug, wenn er einfach miterleben darf, wie Londo stirbt.

Die Szene war recht geradlinig geschrieben; bei der Probe versuchten Regisseur Mike Vejar, Andreas Katulas und Peter Jurasik jedoch etwas Neues. Katsulas spielte G'Kar so, dass er ständig angesichts der Situation lachen musste. Das brachte die umstehende Crew ebenfalls zum Lachen. JMS kam hinzu, und die drei stellten ihm ihre Idee vor. Dann zeigten sie ihm die Szene mit dem lachenden G'Kar – und JMS konnte selbst ein Lachen nicht unterdrücken. Also wurde die Szene so gedreht.

Mike Vejar hat bei dieser Folge besonders gute Arbeit geleistet. Es gibt zwei Sequenzen, die ohne Schnitt auskommen. Als G'Kar im Zocalo auf Garibaldi einredet, versucht dieser, sich der Situation zu entziehen, aber der Narn läuft ihm ständig hinterher. Vejar hat hier das komplette Zocalo-Set genutzt, und Katsulas und Doyle waren so gut, dass es in einer Einstellung ging.

Die andere ist Londos großer Monolog an Lenniers Krankenbett. Der ist nicht nur visuell aufregend, weil Vejar und

Flinn eine recht dynamische Kamera einsetzen, sondern auch wirkungsvoll, weil Peter Jurasik so gut ist. Nicht dabei ist übrigens Bill Mumy, denn das, was auf dem Krankenbett lag, war nur ein Dummy mit einem prothetischen Lennier-Kopf. Mumy hatte darum gebeten, denn sein Vater war kurz zuvor gestorben, und die Szene am Krankenbett erinnerte ihn zu sehr daran. JMS kam dem Wunsch natürlich sofort nach.

Auch aus der Explosion im Gang, vor der sich Londo nur durch einen Sprung in den Lift rettet, wollte Vejar das Bestmögliche herausholen. Er wollte kein CGI-Feuer, sondern echtes, weshalb eine Miniatur des Gangs gebaut wurde, die Kamera unter Plexiglas geschützt war und eine kleine Explosion ausgelöst wurde, die später mit einer Aufnahme von Peter Jurasik kombiniert wurde. Diese wiederum wurde in einem Nachbau des Gangs gedreht, der gerüttelt werden konnte, sodass Jurasik tatsächlich etwas hatte, auf das er reagieren konnte.

Kommentar

Gänzlich überzeugend ist *Convictions* nicht. Die Folge hat viele gute Momente, z.B. wenn G'Kar und Londo Garibaldi und Sheridan überzeugen wollen, dass die Centauri bzw. die Narn dahinterstecken. Natürlich ist die Sequenz im Lift ebenfalls großartig. Derlei nutzt man erzählerisch in der Regel, um einen narrativen Schmelztiegel zu haben, der zwei Figuren zwingt, miteinander zu reden, obwohl sie das nicht wollen. Sie reden auch hier, wenngleich anders als erwartet. Dass G'Kar einfach nichts tun will, ist für Londo unbegreiflich. Doch für G'Kar ist es der perfekte Weg, da er selbst Londo nicht töten kann. Schließlich hätte das eine drakonische Vergeltung der Centauri-Machthaber über die Narn zur Folge. Aber einfach nichts tun, das kann er. Herrlich ist auch, wie G'Kar Londo nachäfft, als dieser um Hilfe ruft – oder unter Lachen direkt darauf antwortet.

Das ist das Highlight der Folge. Schön ist aber auch, wie Londo zu Lenniers Krankenbett geht und auf den im Koma liegenden Minbari einredet. Er weiß nicht, was er sonst tun soll, hat aber das Gefühl, etwas tun zu müssen. Schließlich hat Lennier ihm das Leben gerettet, und das hat niemand jemals zuvor für Londo getan. Das ist ein starker Moment für den Centauri, weil er durchaus ein Gefühl von Ehre und Integrität zeigt, wenn er mit seinen bescheidenen Mitteln Lennier helfen will. Doch als Lennier erwacht, ist ihm klar, dass er vielleicht einen Fehler begangen hat. Für Lennier ist jedes Leben heilig, darum musste er nicht zweimal überlegen, ob er Londo retten sollte oder nicht. Aber er weiß auch, dass Londo diesen Glaubensansatz nicht teilt. Und so stellt er sich die Frage, ob er mit dem Retten eines Lebens in der Gegenwart nicht zahlreiche Leben in der Zukunft verdammt hat.

Das sind die tollen Elemente dieser Folge. Dem gegenüber steht die wirklich schlechte Bomber-Handlung, einerseits, weil die Handlungen von Robert Carlson aus dem Nichts kommen und keine echte Motivation erkennbar ist, andererseits, weil Patrick Kilpatrick schamlos übertreibt. Seine Szene mit Sheridan ist fast schon schmerzhaft schlecht. Wie er das Gesicht verzieht, schreit und geifert – das ist ein Schauspiel, das jedwede Glaubwürdigkeit vermissen lässt. Von Subtilität wollen wir gar nicht reden. Wäre dies ein Theaterstück, würde Kilpatrick für die letzte Reihe spielen, und selbst die würde sich wohl an dem grausam schlechten Overacting stören.

Was nicht stört, aber doch recht amüsant ist: Die Stühle im Konferenzzimmer, als Sheridan und Ivanova von Londo belagert werden, sind billige, silbern gefärbte Gartenstühle. So etwas kam bei *Babylon 5* häufiger vor, aber man nimmt es nicht wahr – zumindest nicht beim ersten Ansehen, weil man von der Stärke der Geschichte und der Kraft des Schauspiels gefangen ist.

Das Skript

Der Weg vom Drehbuch zur fertigen Folge war hier nicht besonders weit. Drei Szenen sind anders, eine wurde verändert, eine erweitert, eine entfernt. Geändert wurden die Szenen 13 bis 18, denn diese erzählen davon, wie Lennier den

Verletzten hilft, wie eine Frau um Hilfe ruft, wie er ihr beisteht. Eine Centauri-Frau ist unter Geröll begraben. Lennier krabbelt darunter, um sie herauszuholen. Das gelingt auch, das Geröll gibt jedoch nach, und er wird darunter begraben. Die Szenenabfolge musste weichen, als JMS sich dafür entschied, dass Lennier Londo retten sollte.

Komplett entfernt wurde eine Szene, weil die Folge zu lang war. Sie zeigt, wie Bruder Theo und seine Kameraden sich in DownBelow verirrt haben – dort suchen sie eine Unterkunft, wie Theo Ivanova sagte. Er trifft auf Carlson, den er nach dem Weg fragt und der ihm dabei auch behilflich ist.

Bruder Theo: Excuse me … perhaps you could help us, we're a bit turned around. We're looking for brown nine.

Carlson: Wrong floor. You want the next one down. There's a transport tube over there, take you right to it.

Bruder Theo: Ah. Thank you.

Theo ruft die anderen Mönche zu sich, dann machen sie sich auf den Weg. Danach sieht Carlson sich um, ob er alleine ist, öffnet eine Tasche und platziert eine Sprengladung.

Ein klein wenig länger ist im Skript die Szene, in der Delenn Lennier erklärt, dass die Centauri ihm für die Rettung Londos wohl eine Medaille verleihen werden. Delenn und Dr. Franklin fragen sich dann, wo Londo eigentlich ist.

Delenn: By the way … speaking of which, where is Ambassador Mollari? I haven't seen him in quite some time.

Franklin: I don't know actually. He was here earlier. Who knows where he's gotten off to now.

Wertung von Kosh

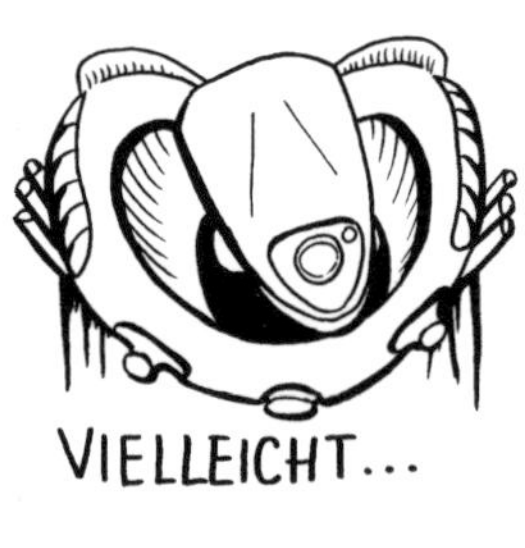

3.03
A Day in the Strife
(24 Stunden bis zum Ende)

US-Erstausstrahlung: 20. November 1995
Deutsche Erstausstrahlung: 6. Oktober 1996
Regie: David J. Eagle
Drehbuch: J. Michael Straczynski

Darsteller: Stephen Macht (Na'Far), Marshall R. Teague (Ta'Lon), Anne Betancourt (Dr. Gonzales), Josh Coxx (Tech David Corwin), Michael Bailey Smith (G'Dok)

Inhalt

Eine unbemannte Sonde erreicht Babylon 5. Sie sendet die Aufforderung, 600 Fragen zu beantworten. Werden alle beantwortet, wird Technologie versprochen, die jener der Menschen weit voraus ist. Versagt man bei einer Frage, wird die Sonde sich selbst zerstören und die Station mit sich nehmen. Sheridan lässt seine Leute fieberhaft an der Lösung arbeiten, da nur 24 Stunden Zeit vorgegeben sind. Als die Zeit fast verstrichen ist, fragt er sich, ob sie nicht einer Falle aufsitzen. Er lässt die Antworten nicht übertragen, woraufhin die Sonde verschwindet. Weiter weg werden die Antworten dann von einem Instandsetzungsroboter gesendet, woraufhin die Sonde explodiert – ihre Schöpfer wollten offenkundig jene auslöschen, die ihnen aufgrund ihrer Intelligenz gefährlich werden könnten.

Auf der Station kommt der Narn Na'Far an, der im Auftrag der provisorischen Regierung seiner Welt – einer Marionettenregierung von Gnaden der Centauri – hier ist, um G'Kar zu überzeugen, dass er nach Hause zurückkehren soll. Denn die Familien all derer, die auf Babylon 5 sind, werden sonst bedroht. Also will G'Kar sich opfern, aber Ta'Lon und die anderen können ihn überzeugen, das nicht zu tun.

Derweil hat Garibaldi gemerkt, dass Franklin ein Problem hat. Der Doktor nimmt zu viele Stims, was sich in Stimmungsschwankungen äußert. Londo zieht ein paar Strippen, damit Vir als Centauri-Botschafter nach Minbar geschickt wird.

Hintergründe

Die Idee für die Sonde, die die Leute von Babylon 5 auf die Probe stellt, war eine, die JMS schon lange im Kopf herumschwirrte. Sie geht zurück auf ein Treffen des House Sciences Committee im Jahr 1968. Daran nahmen zahlreiche namhafte Wissenschaftler teil. Auch Carl Sagan war Teil dieser Gespräche. Es ging um die Frage, wie man reagieren sollte, wenn Außerirdische Kontakt aufnehmen würden. Man ging davon aus, dass dies so geschehen würde, wie es auch bei den Menschen war. Eine Sonde wurde ins All geschickt, um Kontakt zu etablieren. Sollte man darauf antworten oder sich totstellen? Denn man konnte nicht ausschließen, dass solch eine Sonde den Zweck hätte, mögliche „Konkurrenz" zu beseitigen, wenn sie sie fand. Also wurden entschieden, dass es in einem solchen Fall keinen Kontakt durch die Erde geben sollte.

Das war etwas, woran JMS immer wieder denken musste, insbesondere auch, als er vom California Institute of Technology eingeladen wurde, um mit einer Gruppe Wissenschaftler zu dinieren. Einer von ihnen war Freeman Dyson, ein Physiker, der mit dem Konzept der Dyson-Sphäre aufkam. Ihm stellte JMS schließlich die Frage, was er tun würde, wenn er entscheiden könnte. Dyson erklärte, er würde antworten, wenn er alleine in einem Raumschiff wäre und es keinerlei Gefahr für andere gäbe. Aber da er nicht wissen könne, welche Absichten eine außerirdische Macht verfolgen würde, würde er keinen Kontakt aufnehmen, da es um das Leben von Milliarden geht. Das brachte JMS dazu, zu fragen, wie Captain Sheridan auf eine derartige Herausforderung reagieren würde.

Letztlich ist das Gedankenexperiment jedoch spannender als der entsprechende Handlungsteil von *A Day in the Strife*.

Die Folge ist allerdings aus anderer Sicht denkwürdig, denn die Dreharbeiten wurden mittendrin unterbrochen. Warum?

Weil die Gewerkschaften einen Deal für die Angestellten wollten. Dazu muss man wissen, dass *Babylon 5* eine Non-Union-Serie war. Das heißt, dass abgesehen von Autoren, Regisseuren und Schauspielern niemand in einer Gewerkschaft war, was all die anderen Tätigkeiten betrifft, die mit einer Serie zu tun haben. Solcherlei Serien wurden in der Regel außerhalb von Los Angeles gedreht. Und sie waren günstig. *Babylon 5* war günstig. Eine Folge der dritten Staffel kostete ein bisschen weniger als 900.000 Dollar. Wenn die Angestellten aber nun von der Gewerkschaft vertreten würden, wäre das für das Budget nicht mehr machbar gewesen. Darum wollte man von Seiten von Warner Bros., dass die Produktion nach Kanada umzieht. Das schmeckte JMS aber nicht. Er reagierte auf eine Art, die Gewerkschaften im Verhandeln mit Produzenten nicht kennen. JMS gab ihnen vollen Einblick in die Buchhaltung, um zu zeigen, wie wenig Geld tatsächlich zur Verfügung stand. Letztlich wurde ein Deal ausgehandelt, der darauf hinauslief, dass 40.000 Dollar mehr für diese Staffel vonnöten waren. Warner wollte jedoch keinen Cent davon bezahlen, weswegen JMS und Kameramann John C. Flinn schließlich anboten, eine Folge ohne Honorar zu machen, womit das Budget wieder eingehegt war.

In dieser Folge verlässt Vir die Station. Notwendig wurde dies, weil Stephen Furst ein Engagement bei einer Sitcom bekommen hatte. Zwar hätte man auf ein Vorgriffsrecht für ihn beharren können, da er für eine gewisse Zahl von Episoden einen Vertrag unterschrieben hatte. JMS kam aber Fursts Bitte nach, ihn weniger einzusetzen, weil der Schauspieler sich mit der Sitcom mehr Erfolg erhoffte. Darum schickt Londo Vir nach Minbar, weil Furst so nur noch hin und wieder auftauchen muss. Zugleich war es in Hinblick auf die Geschichte nicht schlecht, weil Londo dadurch einsamer denn je ist.

Die Serie, in der Furst mitwirkte, hieß *Misery Loves Company*. Im Mittelpunkt stehen wir Kumpel, die in Sachen Liebe alle kein Glück haben. Der Serie war ebenfalls keines beschieden. Sie kam nicht gut an und wurde nach nur acht Folgen eingestellt, sodass Furst dann doch wieder mehr Zeit für *Babylon 5* hatte.

Gaststar in dieser Folge ist Stephen Macht, der Na'Far spielt. Es ist der einzige Auftritt des 1942 geborenen Schauspielers. Eigentlich ist das schade, weil Na'Far eine vielschichtige Figur ist. Macht hat im Lauf seiner Karriere in fast 100 Filmen und Serien mitgespielt; zu den bekanntesten gehören eine Reihe von Horrorfilmen aus den 1980er und 1990er Jahren: *The Monster Squad (Monster Busters,* 1987), *Graveyard Shift (Nachtschicht,* 1990) und *Amityville 1992: It's About Time (Amityville V – Face of Terror,* 1992).

Marshall R. Teague war in der ersten Staffel in der Folge *Infection* als Nelson Drake zu sehen, in der zweiten Season wurde er in *All Alone in the Night* zu Ta'Lon. Diese Figur spielt er in insgesamt fünf Episoden.

Kommentar

Wann wird der Versuch, in einem besetzten Gebiet zu überleben, zur Kollaboration? Das ist die Frage, die diese Folge stellt, indem Na'Far auf die Station gebracht wird. Denn er möchte, dass G'Kar seine Widerstandsbemühungen einstellt. Nicht, weil er das Leben unter den Centauri schätzt, sondern weil er glaubt, so die höchstmögliche Zahl an Leben retten zu können. Denn der Widerstand verhindert auch, dass Nahrungsmittel nach Narn kommen. Und für jeden getöteten Centauri werden 500 Narn exekutiert. Man kann Na'Far darum durchaus verstehen, wenn er jetzt die Centauri in falscher Sicherheit wiegen will. Aber wie lange? Wie lange kann man sich krumm machen, bevor man nie wieder aufrecht stehen kann?

Für G'Kar und die Narn an Bord von Babylon 5 ist die Antwort klar. Sie sind bereit, ihre Familien zu opfern, weil frei zu sterben besser ist, als auf Knien zu leben. Die Stärke der Folge liegt darin begründet, dass man beide Positionen verstehen kann. Bis zu einem Punkt sind auch beide richtig oder zumindest begründbar; letztlich ist es aber der Weg von G'Kar, der einzig zum Erfolg führen wird, weil eine Besatzungsmacht erst dann geht, wenn die Kosten der Besatzung zu hoch werden. Dafür gab es in der menschlichen Historie mehr als genügend Beispiele.

In dieser Folge jongliert JMS einige Geschichten; die Haupthandlung um die Sonde ist dabei noch die uninteressanteste. Sie stellt einfach nur eine namenlose Gefahr von außen dar, eine Art Bedrohung der Woche, die man am Ende der Folge abhakt. Sie ist im Grunde nur dafür da, Sheridan und Ivanova etwas zu tun zu geben. Anderes ist dagegen sehr viel nachwirkender.

So beginnt hier so etwas wie eine Freundschaft zwischen Garibaldi und G'Kar. Zudem erweist Londo Vir einen Gefallen, den dieser gar nicht erkennt. Er bringt ihn aus der Schusslinie, aber auch aus seinem eigenen Einfluss. Denn Vir ist vielleicht naiv, aber er ist zugleich das, was an den Centauri gut sein kann. Unter Londo würde das korrumpiert werden – wenn nicht jetzt, dann irgendwann.

Dass Dr. Franklin die Stims missbraucht, wird hier erstmals klar zur Sprache gebracht. Hinweise darauf gab es zuvor schon, jetzt sieht man aber auch, wie er immer fahriger wird. Er ist schnell aufbrausend, ungehalten, auch gemein – das zeigt sich beim Essen, zu dem Garibaldi ihn eingeladen hat. Franklin hat den Moment verpasst, in dem er noch einfach so hätte aufhören können.

Das Skript

Vom Skript zur fertigen Folge gab es einige Änderungen. Drei Szenen wurden erweitert, zwei entfernt, und die zweite Szene der Folge wurde verändert. Im Skript ist es Vir, der mit Garibaldi spricht und ihn fragt, wieso so viele Schiffe außerhalb der Station sind, während in der Folge die Schiffe um die Station zu sehen sind und ein Voiceover erklärt, wie die neuen Richtlinien in Hinblick auf das Mitbringen von Waffen auf die Station aussehen.

Vir: Ah! Mr. Garibaldi, there you are. There seem to be an awfully large number of ships berthed outside the station. Is there a problem?

Garibaldi: No. No problem. The captain's decided to tighten the restrictions about bringing weapons onto the station. Any ship bringing unauthorized weapons is subject to complete search and seizure.

Vir: That seems rather severe, don't you think?

Garibaldi: Not with everything that's been going on lately. If we don't start limiting the weapons that get in here, this place'll get torn apart or blown to bits. They've called a meeting with the Transport Pilots Association to work it out.

Vir: How's it going?

Garibaldi: Fine. Fine.

In der fertigen Folge sieht man, dass es alles andere als gut läuft. Länger ist im Skript dann die Szene, in der Sheridan mit den Vertretern der TPA spricht. Ivanova schlägt einen taktischen Rückzug vor, woraufhin man im ganzen Areal die Luft absaugen und so das Problem lösen könnte. Sheridan fände das ansprechend, wie er sagt. Einer der Leute, die sich aufregen, will indes wissen, wieso das Geld, das die TPA zahlt, nicht für die zusätzlich benötigten Arbeiter ausreicht.

Ivanova: I have an idea. Why don't we slip out the back way, close off the pressure doors, blow out the air and let them chew vacuum for, oh, say three or four minutes. What do you think?

Sheridan: Unconventional, but right now highly appealing.

Kurz danach folgt eine Szene, die nur im Drehbuch vorhanden ist. Ivanova fragt Sheridan, ob er Ta'Lon kennt, und er bestätigt das. Es gibt Rückblicke zu *All Alone in the Night,* als Sheridan Ta'Lon geholfen hat. Sheridan erzählt Ivanova, dass er Ta'Lons Leben gerettet hat.

Sheridan: His ship was captured by the Streib last year, same as mine. I saved his life. Haven't heard from him since he went back to Narn. Wonder what he's got to do with all this?

Länger ist im Skript das Gespräch von Ivanova und Garibaldi über Sheridan. Garibaldi argumentiert, dass man eine

Station nicht wie ein Raumschiff leiten kann. Ivanova gibt zu, dass sie das bisher auch gedacht hat, aber mittlerweile ist sie der Meinung, dass militärische Disziplin genau das ist, was jetzt gebraucht wird. Ein guter Soldat ist jetzt wichtiger als ein Diplomat.

Garibaldi: You can't run this place like a starship. Won't work.

Ivanova: I said the same thing. And I was wrong. When you're at peace, you can run a place like this any way you want. But with war breaking out, the only things that'll get us through this alive is order, discipline, hard work and loyalty. Right now we need a good soldier a hell of a lot more than we need a diplomat.

Die vorletzte Szene, die sich von der fertigen Episode unterscheidet, ist die, als Vir erfährt, dass Londo ihn wegschickt. Londo geht darüber hinweg, dass Vir nicht nach Minbar will.

Londo: What is there to understand? You're leaving. What part of that sentence is unclear? (Londo hebt eine Frucht auf.) Have you ever tried this? Very nice. Leaves kind of a furry stain on the back of your tongue, which is annoying but the flavor …

Vir: I don't want to go to Minbar.

Nur im Skript ist eine kurze Szene in G'Kars Quartier. Er wird darüber informiert, dass sein Transport zurück nach Narn bereitsteht. G'Kar bedankt sich und macht sich auf den Weg. Dieser Moment wurde wohl vor allem aus Zeitgründen gestrichen. Er ist auch irrelevant.

Wertung von Kosh

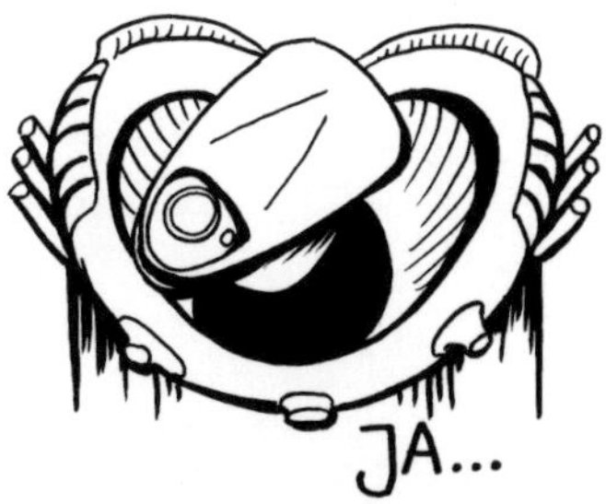

3.04
Passing Through Gethsemane
(Die Schrift aus Blut)

US-Erstausstrahlung: 27. November 1995
Deutsche Erstausstrahlung: 13. Oktober 1996
Regie: Adam Nimoy
Drehbuch: J. Michael Straczynski

Darsteller: Brad Dourif (Bruder Edward), Patricia Tallman (Lyta Alexander), Louis Turenne (Bruder Theo), Robert Keith (Malcolm)

Inhalt

Kosh kehrt zur Station zurück und bringt Lyta Alexander mit. Sie hatte sich ins Reich der Vorlonen aufgemacht, weil sie das Gefühl hatte, gerufen zu werden. Tatsächlich sah sie die Heimatwelt, darf darüber aber nicht sprechen – und sie steht nun auch gegenüber dem Psi-Corps unter dem Schutz der Vorlonen.

Neu auf der Station ist Bruder Edward, ein sanftmütiger, guter Mann, der wie sein übriger Glaubensorden in den Weiten des Alls von den verschiedenen Inkarnationen Gottes erfahren will, weshalb er mit Delenn und Lennier spricht. Aber er wird geplagt von Halluzinationen und Visionen – oder sind es gar Erinnerungen? Edward hört Stimmen und beginnt nachzuforschen, ebenso wie Garibaldi auf Wunsch von Sheridan, der wiederum von Bruder Theo darum gebeten wurde. Wie sich herausstellt, war Edward ein Serienkiller namens Charles Dexter, der mit dem Tod der Persönlichkeit bestraft wurde. Dass sich nun wieder Erinnerungen rühren, liegt daran, dass ein Telepath sie aufwirbelt. Die Angehörigen der Opfer von Edwards früherem Ich haben ihn aufgespürt und wollen Rache. Edward stirbt, und sein Mörder Malcolm wird ebenfalls mit dem Tod der Persönlichkeit bestraft. Er wird ein neuer Mensch und von Bruder Theo aufgenommen. Denn, wie sich im Gespräch mit Sheridan kurz zuvor zeigte, ist Vergeben die größte Herausforderung, der ein Mensch sich nur stellen kann.

Hintergründe

Nachdem JMS die Mönche auf die Station gebracht hatte, wollte er sie auch zügig nutzen. Das Ergebnis ist *Passing Through Gethsemane*, eine der schönsten für sich stehenden Episoden der Serie, die auch vom differenzierten Spiel Brad Dourifs lebt. Dieser hat in seiner Karriere einige Killer gespielt.

Zu der Zeit, da diese Folge debütierte, war Brad Dourif, der eine Oscar-Nominierung für *One Flew Over the Cuckoo's Nest (Einer flog übers Kuckucksnest,* 1975) erhalten hatte, in einer ausdauernden Serienkiller-Phase, die mit *Child's Play (Chucky,* 1988) begann und mit *The Exorcist III (Der Exorzist III,* 1990) fortgeführt wurde. Zudem spielte er 1994 in der *Akte X*-Folge *Beyond the Sea (Die Botschaft)* den Killer Luther Lee Boggs und in *der Star Trek: Voyager*-Folge *Meld (Gewalt)* den Mörder Lon Suder, mit dem Tuvok eine Gedankenverschmelzung eingeht.

Aber so vielschichtig wie hier waren seine Killer-Rollen selten, weil man seiner Figur ansieht, wie sie mit dem Wissen darüber hadert, wer sie einst gewesen ist. Edwards früherer Name Charles Dexter entstammt im Übrigen der Erzählung von H.P. Lovecraft um Charles Dexter Ward.

JMS nutzte die Folge außerdem, um Patricia Tallman zur Serie zurückzuholen. Interessant ist die letzte Szene, als Kosh seinen Anzug verlässt und Lyta ihn sieht – mit einem Licht, das von ihren Augen zu ihm schwebt. Außerdem hat sie Kiemen. Zuvor wurde sie von Dr. Franklin untersucht, der nichts Ungewöhnliches feststellte. Es ist also davon auszugehen, dass sie ihn telepathisch beeinflusst hat, damit er die Kiemen nicht bemerkt.

Die Szene, in der Lyta aus dem Vorlonenschiff kommt, war nicht einfach umzusetzen. JMS wollte, dass es unwirklich erscheint. Darum kniete Tallman auf einem Dolly, der dann in Richtung Kamera gezogen wurde. Aber zum einen wackelte das, zum anderen fiel sie einmal vorneüber, und immerzu musste sie lachen. Nur der letzte Take funktionierte, wenngleich er etwas früher abgebrochen werden musste – bevor Tallman erneut einen Lachanfall hatte.

JMS hat immer wieder erklärt, dass er versuchte, den Figuren Elemente der Persönlichkeiten seiner Schauspieler zu verleihen. Dass Garibaldi ein Verfechter der Todesstrafe ist, kam daher, dass auch Jerry Doyle dieser Meinung ist und bei einer Diskussion während der Mittagspause seine Position vertrat. Hierauf reagierte Mira Furlan in einer Weise, die der von Delenn nicht unähnlich ist, mit der Anmerkung, dass in einer Gesellschaft, in der das Motto Auge um Auge und Zahn um Zahn herrscht, bald jeder augen- und zahnlos wäre.

Dies ist eine der wenigen Folgen mit einem Außendreh, wobei ›Außendreh‹ hier fast schon ein Euphemismus ist. Ein Teil der Halluzinationen von Bruder Edward wurde hinter dem Studiogebäude gedreht.

Kommentar

Bruder Edward erzählt Delenn und Lennier davon, wie Jesus Christus im Garten von Gethsemane darauf wartete, dass die Römer ihn verhaften. Er bat seinen Vater, dass er ihm das Kommende ersparen möge, aber das tat er nicht. Jesus hätte fliehen, hätte das Unvermeidliche hinauszögern können, aber er blieb und nahm sein Schicksal an. Edward fragte sich immer, ob er denselben Mut in dieser Situation aufgebracht hätte. Am Ende bekommt er seine Antwort.

JMS hat in seinen Geschichten immer wieder ein Interesse für den Glauben gezeigt – in unterschiedlicher Inkarnation. Das ist hier umso mehr spürbar, weil er mit Edward eine Figur erschaffen hat, die Teufel und Heiliger zugleich ist. Zugleich stellt er die Frage nach der Humanität dieser Bestrafungsmethode. Wo früher der körperliche Tod als Strafe verhängt wurde, ist es nun der Tod der Persönlichkeit. Die Hülle lebt fort, darin aufgebaut wird eine neue Persönlichkeit. Aber ist das letzten Endes nicht nur eine weitere Form von Mord? Ist die Hülle wichtiger als das Innenleben? Dazu stellt JMS den Glauben der Minbari in Kontrast. Sie glauben, dass die Seele nicht aus dem Inneren kommt, sondern von einer anderen Quelle in die körperliche Hülle projiziert wird. Lennier vergleicht das mit einem Licht, das mittels einer Lampe auf eine Wand geworfen wird. Das Licht ist auf der Wand zu sehen, sie ist aber nicht die Quelle. Die Quelle liegt außerhalb. Ebenso verhält es sich mit der Seele. Wenn man also den Glauben der Minbari heranzieht, dann ist der Tod der Persönlichkeit eine noch weit grausamere Bestrafung als der Tod der körperlichen Existenz.

Edward will büßen, als er erfährt, wer er war und was er getan hat. Ihn plagt aber auch das Unwissen darüber, was er noch getan haben könnte, das aber unaufgeklärt blieb. Bruder Theo versucht, ihm zu helfen und erklärt, dass Gott ihm all seine Sünden vergeben wird. Denn Gott kennt sie, selbst wenn Edward sich nicht an sie erinnern kann. Aber das genügt dem frommen Mann nicht. Er versteht das Gefühl seiner Peiniger, den Rachedurst von Malcolm, und er ist bereit, die Strafe zu empfangen.

Dass am Ende Malcolm ebenfalls den Tod der Persönlichkeit erleidet, mag etwas überhastet erscheinen – immerhin ist kaum Zeit vergangen, sodass man wohl kaum von einer ordentlichen Gerichtsverhandlung reden kann. Aber JMS musste hier die Abkürzung nehmen, um den Bogen zu dem Thema zu schlagen, das ihm wirklich auf der Seele lag: Vergebung. Zu der ist Theo mehr fähig als Sheridan, zumindest im ersten Moment.

Passing Through Gethsemane ist zwar ›nur‹ eine für sich stehende Geschichte, aber eine, die ausgewogen und spannend erzählt ist, weil sie sich mit Kernthemen der Menschlichkeit befasst: dem Verlangen nach Gerechtigkeit, wenn nicht gar Rache, Schuld und Sühne und der Herausforderung, vergeben zu können, auch wenn man es nicht will.

Das Skript

Es gab einige Veränderungen auf dem Weg vom Skript zur fertigen Episode. Schon die erste Szene mit Bruder Theo, der mit Sheridan Schach spielt und ihn unerwartet besiegt, ist im Skript länger. Hier gibt Bruder Theo schließlich zu, dass er ein privater Schachlehrer war und sogar den Großmeister des Jahres 2251 trainiert hat. Übrigens ist dieser Großmeister ein Mann namens Leo Müller, der in München von Bruder Theo trainiert wurde. Wir können uns also darauf freuen, dass in gut 200 Jahren einmal ein Deutscher Großmeister im Schach sein wird.

Die nächste Szene, die länger ist, ist das Gespräch von Delenn mit Garibaldi, in dem es darum geht, dass er ein Verfechter der Todesstrafe ist. Delenn findet das barbarisch, woraufhin Garibaldi fragt, wie man auf Minbar mit Mördern verfährt.

Delenn: It is unheard-of for one Minbari to kill another. It has not happened in centuries, except for a few rare cases in which the person is judged temporarily insane. Those we exile to a small moon orbiting Minbar, where they may live out their lives without harming anyone else.

Im Grunde hat man auf Minbar also eine Kolonie wie das New York in *Die Klapperschlange (Escape from New York,* 1981). Ob es nun gnädiger ist, die Mörder, die zeitweise wahnsinnig gewesen sein sollen, auf einen Mond zu schikken, auf dem es offenkundig nicht viele Minbari gibt, da es ja kaum Mörder gibt, ist natürlich fraglich.

Danach fehlt eine Szene, die es nur im Skript gibt. In ihr ist zu sehen, wie die Mönche eine Gebetszeremonie beenden. Die Mönche verlassen den Raum, aber als Bruder Edward sich der Tür seines Quartiers nähert, sucht er nach der Identicard und greift nach der kleinen, noch unfertigen Skulptur, die er Sheridan versprochen hat. Er sieht sie an und lächelt.

Die Szene, in der Bruder Edward mit Delenn und Lennier spricht, ist im Skript länger. Zuerst erwähnt er kurz, dass er häufig vergisst, das Aufnahmegerät abzuschalten. Bevor das Gespräch beginnt, fragt Lennier, ob er Edward im Anschluss auch eine Frage stellen darf, was dieser bejaht. Als Lennier erklärt, wie die Minbari glauben, dass die Seele projiziert wird, hakt Edward ein.

Bruder Edward: But then, you do believe in a … a source for all this … if not god, then a first cause, a prime mover.
Lennier: Not in the way that you mean it. It … I'm sorry, there are words and ideas that do not translate.

Das zeigt sehr schön die Unvereinbarkeit verschiedener Glaubenssysteme. Es mag zwar in der Tat eine Quelle geben, aus der sich alles speist, aber jede Spezies hat etwas Eigenes daraus gemacht.
Entfernt wurde später eine kleine Szene, in der ein Sicherheitsmann Garibaldi davon unterrichtet, dass in Bruder Edwards Quartier keine Blutspuren gefunden wurden. Garibaldi f ordert einen Check an, der zeigen soll, ob irgendwelche Chemikalien verwendet wurden.
Ebenfalls entfernt wurde eine Szene mit Sheridan und Ivanova – letztlich wohl hauptsächlich wegen der Laufzeit. Sheridan fragt Ivanova hier, wie spät es auf der Erde, genauer in Montana, gerade sein mag. Ivanova kalkuliert das und teilt ihm das Ergebnis mit, fragt aber auch, wieso er das wissen will. Sheridan erklärt, dass er manchmal gerne daran denkt, was seine Eltern zuhause gerade machen könnten. Dann erhält Sheridan eine Nachricht vom C&C, dass Bruder Theo ihn gerne sprechen würde.

Ivanova: Around … seven, seven-thirty in the morning. Why?
Sheridan: Nothing … I was just wondering what time it was back home, and if my mom and dad were up yet or not. Sometimes I like to backtrack, figure out what they're probably doing, right now, back home.

Danach ist eine Szene im Skript länger, in der Sheridan Ivanova erklärt, dass niemand jemals den Tod der Persönlichkeit überwunden hat. Sie fragt sich, ob die Auslöschung vielleicht nicht vollständig durchgezogen wurde.

Sheridan: It doesn't make any sense. As far as Earth knows, nobody's ever broken through a mindwipe before.
Ivanova: Maybe it was incomplete.
Sheridan: No, there's got to be more than that.

Im Epilog wurde eine komplette Szene mit Garibaldi entfernt. Ein Sicherheitsmann erzählt, dass er gehört hat, wo ein Killer, der in den Nachrichten genannt wurde, nach dem Tod der Persönlichkeit arbeiten soll. Er wünscht ihm den Tod an den Hals und hofft auf Garibaldis Zuspruch, aber der wiegelt ab – selbst wenn er das einmal gesagt haben sollte, hat er es nicht gesagt.

Security Guard #2: You remember that guy they mindwiped a couple weeks ago, Lester James Monroe? Rumor is they've got him working environmental cleanup somewhere on Io now. I hope he falls in the stuff and chokes. Even that would be too good for the creep. Where's the justice? Now in the old days, they knew how to handle these guys. Good old-fashioned electric chair. Or hey, how about those electric bleachers, Chief? That was great. Tell 'em that part.
Garibaldi: Don't know what you're talking about. Never said it.
Security Guard #2: What're you talking about? I was right there …
Garibaldi: I said I never said it. Even if I said it … I never said it.

Entfernt wurde im Epilog auch, dass Ivanova bemerkt, dass irgendetwas Sheridan mitnimmt, aber er will nicht darüber reden. Dafür muss er eine Minbari-Handelsdelegation verabschieden. Und sie sagt ihm, dass Lyta Alexander von ihrem kurzen Trip zurück ist, einer jener Kurztrips, nach denen sie immer sehr erschöpft ist.

Ivanova: You look like someone just killed and ate your cat.
Sheridan: It's a long story … what's our status?

Nach dem Satz zur Handelsdelegation geht es um Lyta Alexander.

Ivanova: Oh … Lyta got back from another of her errands for Ambassador Kosh.
Sheridan: Any idea what it was about?
Ivanova: No. She's almost as close-mouthed about it as he is. Funny … she's strong, in good health, but she always seems completely exhausted when she comes back from these trips. Still, she felt she had to see Kosh right away.

Wertung von Kosh

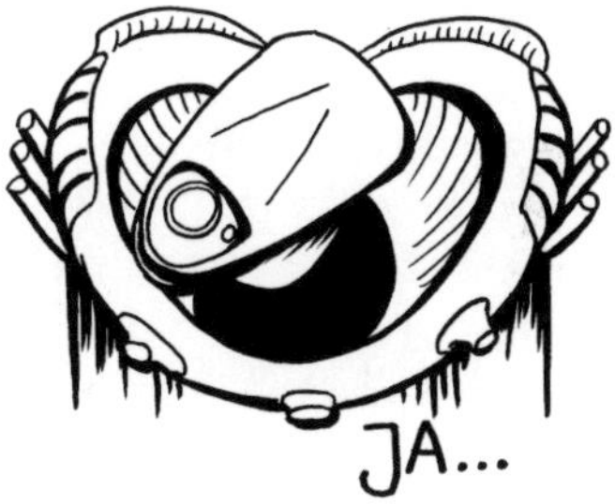

3.05
Voices of Authority
(Der Beweis)

US-Erstausstrahlung: 29. Januar 1996
Deutsche Erstausstrahlung: 20. Oktober 1996
Regie: Menachem Bientski
Drehbuch: J. Michael Straczynski

Darsteller: John Schuck (Draal), Shari Shattuck (Julie Musante), James Black (Security Guard #1), Josh Coxx (Tech David Corwin), Vimi Mani (ISN Anchor), Gary McGurk (Präsident Morgan Clark), Ed Wasser (Mr. Morden)

Inhalt
Delenn hat ein Meeting einberufen. Es geht darum, dass versucht werden soll, Kontakt mit den Allerersten aufzunehmen,

jenen hochentwickelten Spezies, die sich nach dem letzten Schattenkrieg zurückzogen und mehrheitlich diese Galaxie verlassen haben. Aber manche mögen noch hier sein. Mit Hilfe von Draal findet Ivanova eine Welt, auf der noch Allererste sein könnten. Sie fliegt mit der White Star hin und trifft tatsächlich welche, die ihr Hilfe zusagen, nachdem sie auf ein wenig Manipulation gesetzt hat. Fast genauso wichtig ist, dass sie, als sie in Draals Maschine steckte, eine Nachricht sah, die Präsident Clark als Drahtzieher in der Ermordung seines Vorgängers Santiago kompromittiert.

Auf der Station kommt Julie Musante an – die neue politische Offizierin, die Sheridan beraten soll, damit seine Entscheidungen kompatibler mit der Erdregierung werden. Aber sie muss die Station unerwartet schnell wieder verlassen, als das Clark-Video geleakt wird. Zwischen Zack und Garibaldi kommt es zu Spannungen, und G'Kar weiß, dass etwas vorgeht, man ihn aber im Dunkeln lässt. Er versucht, sowohl Delenn als auch Garibaldi darauf anzusprechen.

Hintergründe

Als Jeff Conaway für die Serie vorsprach, war das für eine Rolle, die nicht einmal einen Namen hatte. Einerseits hatte Conaway eine harte Zeit hinter sich und bekam seiner Sucht wegen immer weniger Jobs; andererseits mochte er Science Fiction. Er wurde also angeheuert und spielte den Sicherheitsmann, aber JMS war der Meinung, dass das nicht genug war. Also brachte er ihn zurück, und nach und nach wurde Zack Allan zur rechten Hand und zum Vertrauten von Garibaldi. Aber bis dahin war es ein weiter Weg, denn Zack ist hier keiner, der in das eingeweiht worden wäre, was vor sich geht. Schließlich ist es so, dass selbst Garibaldi nicht sicher ist, ob er ihm trauen kann, weil Zack auch für die Night Watch tätig ist.

Gaststar Shari Shattuck, die zum Ende der 90er Jahre hin langsam ihre Karriere an den Nagel hängte, zeigte sich hier nackt – für Sheridan. Denn Nacktszenen im Fernsehen wurden seinerzeit so gedreht, dass eben nichts zu sehen ist, mit entsprechenden Applikationen, die alles verdecken, selbst wenn die Kamera den gewünschten Fokus verlassen hätte. Aber diese Applikationen hielten nicht, sondern fielen ab. Jeden auf dem Set ließ das erröten, nicht jedoch Shattuck, die einfach darauf drängte, die Szene jetzt unter Dach und Fach zu bringen, egal, was passierte.

Obwohl Julie Musante ihre Rückkehr ankündigte, kam es dazu nie. Eigentlich schade, denn die gemeinsamen Szenen mit Sheridan hatten durchaus Pfeffer.

Bei der Nachricht von Clark, die Ivanova empfangen hat, wird nicht genannt, mit wem der zukünftige Präsident spricht. Man kann Ed Wassers Stimme als Mr. Morden aber gut erkennen. Es war wohl eine Entscheidung in letzter Sekunde, ihn den Text sprechen zu lassen, denn im Skript ist nicht definiert, mit wem Clark redet. Dort heißt es nur ›male voice‹.

Kommentar

Voices of Authority unterstreicht einmal mehr, was sich auf der Erde alles verändert hat. Das Gespräch zwischen Sheridan und Musante beim Essen ist ein beredter Ausdruck davon. Die Probleme wie Obdachlosigkeit, Armut oder Kriminalität existieren nicht mehr, wenn man sie nicht mehr anerkennt. Wenn man sie jedoch anerkennt, dann werden Lösungen gefunden, die der neuen Ideologie entsprechen. Überhaupt: Als politische Offizierin, die den Mitgliedern der Night Watch vorsteht, macht sie auch klar, was das heißt. Bei den Mitgliedern wird eine gewisse Gesinnung erwartet, ein Kritisieren der Regierung ist verboten, die richtige Ideologie ist alles. Der Schritt zum faschistoiden Totalitarismus auf der Erde ist nicht nur getan, es ist längst zu spät. Das zeigt auch das Leaken des Videos, das ein unzweifelhafter Beweis ist. Dennoch wird dieser in Zweifel gezogen. »Fake News«, schallt es aus den Reihen von Präsident Clark. *Babylon 5* erweist sich einmal mehr als erstaunlich aktuell, weil die Freiheit der Demokratie ein ums andere Mal verteidigt werden muss. Veränderungen passieren schleichend, bis sie da sind. Wie Erich Kästner schon sagte: »Man darf nicht warten, bis der

Freiheitskampf Landesverrat genannt wird. Man darf nicht warten, bis aus dem Schneeball eine Lawine geworden ist. Man muss den rollenden Schneeball zertreten. Die Lawine hält keiner mehr auf. Sie ruht erst, wenn sie alles unter sich begraben hat.«

Aus heutiger Sicht ist die Show noch weit aktueller als damals, da in der Zeit nach 9/11 Änderungen stattfanden. Freiheiten wurden eingeschränkt, Loyalitäten auf den Prüfstand gestellt – aber natürlich nur, bis die Krise vorbei ist.

Interessant ist dabei auch Zack Allan, der hin- und hergerissen ist, wem seine Loyalität nun dienen soll. Das spielt Jeff Conaway erstaunlich differenziert. Seine Figur macht die wohl größte emotionale Reise in dieser Staffel durch.

Der zweite Handlungsstrang ist weniger gelungen. Das Finden eines Volks der Allerersten ist zwar schön, weil die Effekte des Schiffs dieser Außerirdischen auch eindrucksvoll sind, aber die Handlung ist ein bisschen schwachbrüstig. Scheinbar verweigern die Allerersten ihre Hilfe; also greift Ivanova auf billigste Manipulation zurück. Sie wirft den Allerersten vor, die Vorlonen hätten bereits gesagt, dass sie Feiglinge seien und beim letzten Krieg auch nichts getan hätten. Und voila, die Allerersten sind an Bord. Das ist dann schon etwas arg einfach gestrickt.

Amüsant ist hingegen, wie Julie Musante sich an Sheridan heranschmeißt und Ivanova einen Kommentar abgibt, dass er dorthin gehe, wo schon viele Männer vor ihm gewesen seien. Das ist eine Verballhornung des *Star Trek*-Mottos, dorthin zu gehen, wo noch nie jemand gewesen ist, aber auch eine Verbeugung vor Captain Kirk, der nun wirklich gar nichts anbrennen ließ.

Das Skript

Im Skript ist eine Reihe von Szenen länger – oder überhaupt enthalten. Die erste ist beim Treffen am Anfang, als Marcus sagt, dass die Allerersten nicht seien wie sie alle. Sie zu stören, könnte sein, als würde man einen schlafenden Bären mit einem Stock anstupsen. Als Garibaldi fragt, ob es nach Marcus‘ Meinung besser wäre, nichts zu tun, gemäß dem Motto, dass man besser fährt, wenn man weiß, mit wem man es zu tun hat, antwortet er:

Marcus: Exactly. They're billions of years older than us. They don't want anything to do with us, and they don't want to be bothered. There's something to be said for not poking the bear when he's asleep.

Nur im Skript ist eine Szene, in der G'Kar beobachtet, wie Marcus sich mit einem Minbari-Ranger trifft. Der Narn bemerkt, dass beide dieselben Abzeichen tragen. Als die beiden sich trennen, folgt G'Kar Marcus.

Etwas länger ist die Szene, als Ivanova die Maschine von Draal betritt. Draal warnt sie, dass sie keine feindseligen Gedanken haben sollte. Ihm wäre es fast einmal passiert, dass er Babylon 5 vernichtet hätte, weil ihn ein Käfer nervte.

Draal: Oh. You're not feeling especially hostile at the moment, are you?

Ivanova: Not yet. Why?

Draal: Sometimes the Great Machine misinterprets emotions. It can confuse expression for direction. My first day here I was annoyed to find a bug crawling on my nose. Almost blew out Babylon 5 before I realized what I was doing.

Entfernt wurde auch die Szene, in der Ivanova Garibaldi mitteilt, dass sie ihm Beweise für Clarks Schuld schicken wird. Außerdem sagt er ihr, dass er ihr jemanden schicken wird, der die Sprache der Minbari beherrscht.

Länger ist im Skript die Szene, als Ivanova die Allerersten ruft. Das gelingt ihr, weil sie den Namen der Spezies senden lässt – und der besteht aus 15.000 Buchstaben.

Marcus: What was in the signal?

Ivanova: Their name. It's fifteen thousand letters long. In theory, nobody's called them by their name for almost a thousand years. It should get their attention.

Die Szene, in der Sheridan erklärt, dass er die Beweise für Clarks Schuld an General Hague schicken wird, ist im Skript ein klein wenig länger. Garibaldi erklärt noch, wie sehr ihn das alles ängstigt.

Garibaldi: Funny thing … I've been in tough scrapes in my time. I've been fired, shot, almost been killed three times … with all that, I've never really been scared. Until right now.

Nachdem die Nachricht über Clark über ISN verbreitet wurde, sprechen Sheridan und Ivanova darüber, welche Wirkung sie zeigen wird. Er empfiehlt ihr dann, dass sie etwas essen gehen sollte, und Marcus lädt sich selbst dazu ein.

Marcus: Getting something to eat sounds like a wonderful idea. Mind if I join you?
Ivanova: I'm just going to the mess hall. I don't think I'll need a translator.
Marcus: Is that a no, then?
Ivanova: No. Not really.

Wertung von Kosh

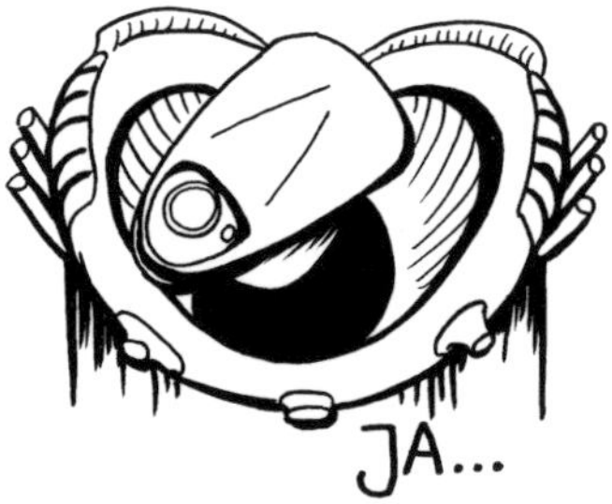

3.06
Dust to Dust
(Der Selbstversuch)

US-Erstausstrahlung: 5. Februar 1996
Deutsche Erstausstrahlung: 27. Oktober 1996
Regie: David J. Eagle
Drehbuch: J. Michael Straczynski

Darsteller: Julian Neil (Lindstrom), Jim Norton (G'Quan), Walter Koenig (Alfred Bester)

Synopsis

Bester kündigt seine Ankunft auf der Station an. Das bringt Sheridan und die anderen in Bedrängnis, weil sie nie sicher sein können, ob er nicht ihre Gedanken liest und so die Geheimnisse erkennt, die sie verbergen. Darum greifen sie auf die Hilfe von Minbari-Telepathen zurück, bis Bester einwilligt, sich ein Serum spritzen zu lassen, das seine telepathischen Fähigkeiten unterdrückt. Gekommen ist er, weil die Droge Dust in außerirdische Hände zu fallen droht.

Dust weckt das latente Telepathen-Gen bei jedem, der die Droge nimmt. Das Schlimme daran: Die Erlebnisse und Erfahrungen, die man gemacht hat, werden auf andere übertragen. Ebenso kann man ihnen ihr Wissen entreißen. Der Kunde des Großhändlers Lindstrom ist G'Kar, der hofft, in Dust eine Waffe gegen die Centauri gefunden zu haben. Er macht sich selbst zum Versuchskaninchen und attackiert danach Londo, dem er alle Informationen über seinen beträchtlichen Anteil am Krieg gegen die Narn entreißt. G'Kar wird später verhaftet und zu 60 Tagen Gefängnis verurteilt.

Bester verlässt die Station, ohne dass Sheridan und seine Mitstreiter je erfahren hätten, dass Dust vom Psi-Corps entwickelt wurde, um mehr Telepathen zu erschaffen, was jedoch bislang nicht funktionierte.

Hintergründe

Die Szene mit dem Night Watch-Mitglied, von dem der Ladenbesitzer drangsaliert wird, weil dieser ein Anti-Clark-Poster aufgehängt hat, ist nicht subtil – weder die Armbinde noch der Verweis des Mannes gegenüber Sheridan, dass er nur Befehlen folgt, noch der Versuch, regimekritische Anmerkungen zu unterdrücken. JMS war es ein Bedürfnis, dies so plakativ wie möglich darzustellen. Im Jahr 2006 schrieb er: »Vielleicht ist das selbstgerecht, aber einer der Gründe, wieso ich die Night-Watch-Geschichte hier erschaffen habe, war, den Prozess zu zeigen, damit künftige Generationen ihn vielleicht etwas leichter erkennen, wenn er sich im frühen Stadium wieder zeigt. Weil er das immer tun wird.«

Gemeint ist damit ein Abgleiten in ein totalitäres System. JMS wollte hier zeigen, wie es sein konnte, dass normale Menschen Teil eines Unrechtssystems wie dem des Dritten Reichs werden konnten, weil derartige Bewegungen immer zuerst auf akzeptable Art und Weise ihr Haupt recken. Sie beginnen subtil, vertreten Meinungen, die akzeptabel und auch ein wenig patriotisch sind – aber all das ist nur Oberfläche. Es gibt den Moment, da die Fassade fällt und das wahre Gesicht zum Vorschein kommt, aber dann ist es meist schon zu spät, um noch irgendetwas dagegen auszurichten.

JMS' Hoffnung war, seine Zuschauer ein wenig dafür zu sensibilisieren. Letztlich muss diese Hoffnung als gescheitert angesehen werden. Seit JMS diese Zeilen im Jahr 2006 geschrieben hatte, war in den USA der Aufstieg Donald Trumps und seiner MAGA-Bewegung zu sehen, aber auch in anderen Ländern recken demokratiefeindliche Gestalten ihr Haupt, so wie hierzulande die AfD, deren Positionen manchem vernünftig und vertretbar erscheinen mögen, die aber immer weiter in Richtung Extremismus verlagert werden. Es ist wie mit dem Frosch auf der Herdplatte – wenn man sie langsam erhitzt, merkt er es nicht, bis es zu spät ist.

Wichtig war JMS in dieser Folge auch, Bester zurückzubringen. Dabei überlegte er, wie er die Bedrohlichkeit der Figur wahren konnte, obwohl sie schon ein paarmal gegen unsere Helden verloren hatte. Der Weg war die Nutzung der Minbari-Telepathen, denn es war ein ganzer Schwung von ihnen nötig, um Bester in Schach zu halten.

Die Szenen mit Walter Koenig sind ein Genuss. Sieht man genau hin, merkt man wieder, dass die linke Hand immer zur Faust geballt ist. Das war eine Idee von Koenig, der damit darauf verweisen wollte, dass Bester irgendwann in seiner Jugend vielleicht ein Trauma erlebt hatte, weswegen er die Hand nicht mehr nutzen kann.

Auch die Rückkehr von Vir ist gut. JMS dachte eine Weile darüber nach, was Vir tragen sollte, wenn er zu Station zurückkommt. Es gab darüber eine Diskussion mit den Abteilungsleitern, bis einer meinte, das sei Vir – natürlich würde er das Minbari-Äquivalent eines Hawaii-Hemds tragen. Das wurde es dann auch.

Wichtig war für JMS die Entwicklung von G'Kar, der hier eine Transformation durchmacht. Darum will JMS den Originaltitel auch so verstanden haben, dass es nicht nur um die Droge, sondern gleichermaßen um die Phrase »Staub zu Staub« geht, denn als G'Kar ins Gefängnis geht, wie es viele spirituelle Anführer taten, beginnt eine Veränderung – weg vom alten G'Kar und hin zum neuen, der als spiritueller Führer seines Volks dieses in die Freiheit führen wird.

Kommentar

Die Rückkehr von Bester ist wirklich sehr willkommen. Walter Koenigs Zusammenspiel mit Bruce Boxleitner und Jerry Doyle ist fabelhaft. Diese Freundlichkeit, hinter der sich eine Bösartigkeit verbirgt, ist extrem gut gespielt. Koenig hat hier eine Rolle, die ihm mehr abverlangt als praktisch alles andere, was er in seinem Leben gemacht hat. Aber auch der Humor ist hervorragend, etwa als Garibaldi erklärt, er würde Bester gerne wie eine Piñata aufhängen und darauf einschlagen, Bester aber ein Kompliment daraus macht, weil eine Piñata etwas Schönes ist, das mit Süßigkeiten gefüllt ist.

Wunderbar ist aber auch das Verhör des Dealers, bei dem Bester den Eindruck erweckt, dass er noch telepathische Fähigkeiten hat. Er zeigt sich hier formidabel, als jemand, der Menschen durchaus selbst dann noch lesen kann, wenn er keinen Zugang zu ihren Gedanken hat. Bis zum Ende der Folge sieht es so aus, als sei Bester diesmal tatsächlich einer der Guten. Erst dann zeigt sich, dass es beim Psi-Corps immer noch etwas zu entdecken gibt, das zuvor verborgen war. Warum hat das Psi-Corps versucht, Telepathen zu erschaffen? Weil mehr Telepathen einen Machtzuwachs für das Psi-Corp bedeuten.

In einem Nebensatz wird hier erwähnt, wie es um Talia Winters' Schicksal bestellt ist. Bester spricht davon, dass sie befragt und seziert wurde. Das letzte Wort jedoch bricht er mittendrin ab. Eine Rückkehr von Talia ist damit gleich ausgeschlossen worden, wohl auch, weil JMS nicht erfreut darüber war, wie Andrea Thompson damals ihren Abschied aus der Serie vorbereitete – nämlich genau dann, als er ihrer Figur mehr zu tun gab und seine Pläne mit Lytas Rückkehr anpassen musste, um weiterhin auf dem Kurs seiner großen Geschichte bleiben zu können.

Sehr schön ist außerdem das Wiedersehen mit Vir, das zustande kam, weil Stephen Fursts anderes Serien-Engagement mangels Erfolgs vorzeitig endete. Das erlaubte es JMS, die Figur wieder stärker einzusetzen, wenngleich er sie hier am Ende zurück nach Minbar schickt.

Interessant sind die Parallelen zwischen den Menschen und den Centauri. Es gibt die Szene, in der ein Mitglied der Night Watch einen Ladenbesitzer drangsaliert, weil dieser die falsche Meinung hat, weiterhin eine Szene, in der Londo Virs Bericht über Minbar bearbeitet, und zwar dahingehend, dass er die Minbari stärker als Gefahr zeichnet. Praktisch alles will er ändern, nur nicht den Verweis auf den Spiritualismus, denn den finden die Leute zuhause ohnehin schon bedrohlich genug.

In beiden Fällen zeigt sich ein System, das verrottet ist, das die Freiheit des Einzelnen mit Füßen tritt und auf Gleichschritt ausgelegt ist, nur dass es bei den Centauri bereits Tradition hat, bei den Menschen aber gerade erst richtig erblüht.

Das Skript

Auf dem Weg zur fertigen Folge wurde nicht gar so viel verändert. Eine Szene des Skripts fiel heraus, zwei sind im Skript etwas länger. Die erste davon ist durchaus lustig. Londo wartet auf die Ankunft von Vir und wird von einem Mann gefragt, wo die Toiletten seien. Er verweist ihn an einen Drazi, den er fragen soll, und nennt ihm auch die entsprechende Phrase. Aber diese ist eine herbe Beleidigung in der Sprache der Drazi. Als Londo und Vir schließlich den Zollbereich verlassen, sieht man, wie mehrere Drazi auf den Mann einprügeln, den Londo zu ihnen geschickt hat.

Annoying Man: Hey, buddy, you know where the men's room is? I gotta evacuate the old airlock.

Londo: What do I look like to you? An usher? A tour guide to the toilet facilities on Babylon 5?

Annoying Man: Well … yeah. Kinda.

Londo: Yes, well … actually, I'm new here, you see. I haven't really learned my way around. But here, you see that greenish fellow over there? That is a Drazi, a very nice race, really, very friendly and helpful. I suggest you ask one of them.

Annoying Man: I don't speak Drazi.

Londo: How fortunate for you, because I am very fluent in Drazi. Just say to them, »Notak Droshalla nastunk.« They'll take care of you.

Annoying Man: Great. Thanks.

Die nächste Szene ist nur im Skript. Lindstrom wurde verhaftet, und Garibaldi verhört ihn. Er bietet ihm einen Deal an, wenn er andere Dust-Dealer verpfeift. Lindstrom will nichts ohne einen Anwalt sagen. Da erhält Garibaldi die Nachricht, dass G'Kar gerade ausflippt.

Länger ist im Skript die Rückblickszene auf Londos Vergangenheit, als er zum Botschafter von Babylon 5 ernannt wurde. Der Dialog des Centauri-Ministers ist ein wenig länger. Er bezieht sich auch auf Sinclair als militärischen Gouverneur der Station und auf Garibaldi als Sicherheitschef mit zweifelhafter Vergangenheit. Und er sagt, dass er persönlich nicht glaube, dass die Station schon bereit zur Eröffnung sei.

Wertung von Kosh

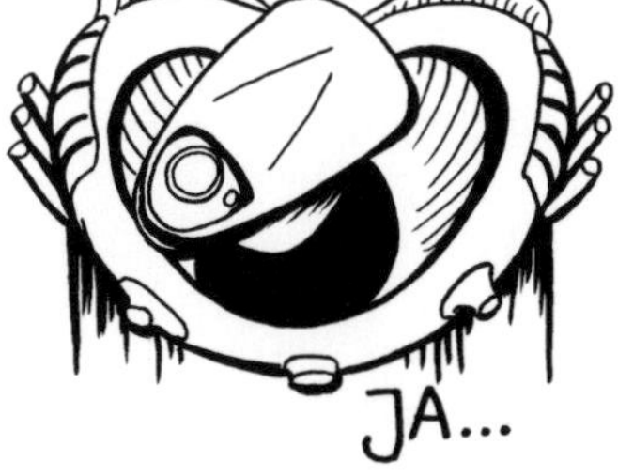

3.07
Exogenesis
(Die Hüter des Wissens)

US-Erstausstrahlung: 12. Februar 1996
Deutsche Erstausstrahlung: 3. November 1996
Regie: Kevin G. Cremin
Drehbuch: J. Michael Straczynski

Darsteller: James Warwick (Matthew Duffin), Wylie Small (Jacque Lee), Aubrey Morris (Duncan), Josh Coxx (Lt. David Corwin), Eric Steinberg (Samuel), Carrie Dobro (Dr. Harrison), Kat Cressida (Kat the Bartender)

Inhalt

Auf der Station verbinden sich außerirdische Wesen mit Menschen aus dem unteren Bereich, in dem jene wohnen, die nichts haben. Zuerst wird Dr. Franklin darauf aufmerksam, als er eine Leiche untersucht, in der ein solches Wesen steckte. Dann sucht Marcus nach Leuten, mit denen er zusammengearbeitet hat, die ihm nun aber aus dem Weg gehen. Er braucht Franklins Hilfe, als er nach Duncan sucht. Dabei geraten sie in Gefangenschaft. Wie sich herausstellt, sind die außerirdischen Kreaturen unendlich alt – Hüter des Wissens der Vergangenheit. Und: Sie sind nicht aggressiv, sondern haben sich mit solchen verbunden, die sich freiwillig dafür gemeldet haben. Duncan löst diese Verbindung auf, um auch Marcus davon zu überzeugen, dass sie die Wahrheit sagen. Franklin erklärt sich bereit, ihnen zu helfen, will die Freiwilligen aber künftig vorher untersuchen, denn der Tote in seiner Krankenstation überlebte die Prozedur nicht, weil er Drogen in seinem System hatte.

Corwin hat eine Beförderung erhalten, er ist nun Lieutenant. Sheridan beauftragt Ivanova, mit ihm zu reden und herauszufinden, auf wessen Seite er steht. Ivanova erledigt das, ist aber überzeugt, dass Corwin nicht für ihre Sache rekrutiert werden kann.

Hintergründe

JMS neigt dazu, seine Drehbücher in wenigen Tagen zu schreiben. Bei *Exogenesis* musste er eine längere Pause einlegen. Er schrieb die erste Hälfte, musste sich eine Woche lang um einen sich anbahnenden Streik kümmern und schrieb dann weiter. Aber in der Zwischenzeit hatte er das Gefühl für die Geschichte verloren. Das zeigt sich auch: Das Set-up der Geschichte ist gut, die Auflösung dann im Grunde nur großes Palaver. Nett anzusehen und anzuhören, aber eben nichts Besonderes, zumal sich JMS bei Marcus' Dialogen auch nicht gerade zurückhält. Der spricht, als wäre er einem Shakespeare-Stück entflohen.

Was die Vindrizi betrifft, ließ sich JMS wiederum nicht von Hochliteratur beeinflussen. Vielmehr dachte er an die Kreatur aus dem Vincent-Price-Film *The Tingler (Schrei, wenn der Tingler kommt,* 1959). Eine wirklich wilde Mischung.

Am interessantesten ist sicher noch, dass Carrie Dobro in einer Szene als eine Kollegin von Dr. Franklin zu sehen ist. Sie spielte später Dureena im *Babylon 5*-Ableger *Crusade.* Ein anderer Franklin-Kollege ist Dr. Steinhoff, der keinen Dialog hat, aber von Jeffrey Willerth gespielt wird – der spielt normalerweise Kosh.

Die Figuren Jacque Lee und Matthew Duffin wurden nach zwei Fans benannt, die bei einer Wohltätigkeitsveranstaltung gewonnen und damit dieses Recht erworben hatten. Schade für sie, dass es keine besseren Figuren waren.

Kommentar

Der Nebenplot um Lieutenant Corwin ist amüsant, denn so, wie sich Ivanova ihm nähert, meint er, es könnte ein Date sein. Aber interessanter ist, wie das umgesetzt wird, denn bei einer Verschwörung – und das ist das, was Sheridan und Co. hier betreiben – ist es eine der schwierigsten Herausforderungen, andere daraufhin abzuklopfen, ob sie für die Sache rekrutiert werden können. Hier sieht es nicht gut aus; Corwin wird aber im Verlauf der Staffel noch eine interessante Entwicklung durchmachen.

Die Haupthandlung ist gänzlich für sich stehend; sie ist für die größere Geschichte nur insofern wichtig, weil man hier erstmals Marcus und Franklin als Duo erlebt. Das funktioniert auch gut, weil die Chemie zwischen Richard Biggs und Jason Carter hervorragend ist. Die Geschichte selbst ist eher schon ein Sci-Fi-Standard, der so gestaltet wird, dass man glauben soll, hier würde eine Art von Invasion stattfinden. Aber tatsächlich ist es etwas gänzlich anderes, denn die außerirdischen Wesen und ihre freiwilligen Wirte gehen eine Symbiose ein, von der beide Seiten profitieren. Die einen leben fort, die anderen haben keine Krankheiten mehr und Zugang auf das Wissen von Jahrhunderttausenden.

Tragisch wird das Ganze nur, weil Marcus' Freund Duncan seine Chance darauf verspielen muss, denn nachdem das Wesen ihn verlassen hat, kann er nicht erneut eines in sich aufnehmen. Aber das war der Preis, der zu zahlen war, damit sich Marcus und Franklin davon überzeugen ließen, dass hier nicht gegen den Willen der Wirte gehandelt wird.

Letztlich ist dies eine Folge, die gut anzusehen ist, aber eben kaum Relevanz besitzt. Man hat das Gefühl, dass hier nur Wasser getreten wird, bis es wieder richtig losgeht. Gut, aber ultimativ ist *Exogenesis* eher eine Episode, die man schnell wieder vergessen hat.

Das Skript

Im Drehbuch sind zwei Szenen, die es in der Folge gar nicht gibt, ein paar andere sind deutlich länger. Allerdings ist eine der nur im Skript vorhandenen Szenen kein besonderer Kracher. Am Anfang sieht man, wie ein Shuttle ein größeres Schiff verlässt. Verändert wurde daraufhin die Voice-Over-Konversation, als das Shuttle auf der Station landet. In dem entfernten Dialog geht es um Passagiere und Fracht.

Länger ist im Skript die Szene, bevor Franklin die Autopsie vornimmt. Man sieht hier, wie er an seinem Schreibtisch sitzt, einen Stim-Injektor herausholt, zögert, ihn dann aber doch benutzt. Im Grunde ist das eine wichtige Szene, da es im weiteren Verlauf der Serie auch um Franklins Abhängigkeit von den Stimulanzien geht. Allerdings gibt es noch genügend weitere Momente, in denen dies zum Tragen kommt.

Als Franklin später ein Gefangener der Vindrizi ist und einen der ihren behandeln soll, ist eine Szene entfernt worden. Sie zeigt die anderen, wie sie Franklin zusehen, danach folgt ein Dialog, in dem Franklin ihnen sagt, dass der Mann in sein Medlab müsse, weil er ihm nur dort helfen könne. Samuel sagt ihm jedoch, dass das nicht möglich sei.

Etwas anders ist im Skript die Szene, als Marcus sich befreit. Nur im Skript wirft er Franklin die PPG zu. In der fertigen Folge gibt er sie ihm, als sie beide in Deckung sind.

Danach folgt noch eine erweiterte Szene, die im Skript mehr Sinn ergibt. Nachdem Samuel davon sprach, dass sie mit den Vindrizi einen Zweck haben, der von innen kommt, piepst Franklins Link in Marcus' Tasche. Marcus wirft ihn Franklin zu, der Garibaldi sagt, dass er seine Männer zurückhalten soll. In der fertigen Folge benutzt Franklin den Link, es ist aber gar nicht klar, wie er ihn bekommen hat, da man ihn zuvor noch in Marcus' Händen sah, als er nicht funktionierte.

Wertung von Kosh

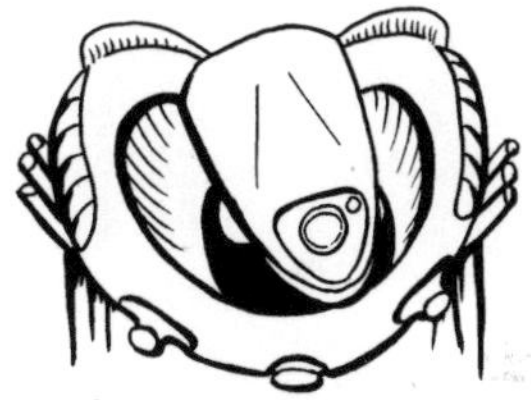

3.08
Messages from Earth
(Das Netz der Lügen)

US-Erstausstrahlung: 19. Februar 1996
Deutsche Erstausstrahlung: 10. November 1996
Regie: Michael Vejar
Drehbuch: J. Michael Straczynski

Darsteller: Nancy Stafford (Dr. Mary Kirkish), Vimi Mani (ISN Anchor), Vaughn Armstrong (Security Guard #1).

Inhalt

Dr. Mary Kirkish kommt auf die Station. Sie fürchtet um ihr Leben und berichtet Sheridan und den anderen, was sie vor ein paar Jahren auf dem Mars im Rahmen einer archäologischen Ausgrabung für Interplanetary Expeditions entdeckt hat: ein Schattenschiff. Sie hat es wiedererkannt, seit ISN ständig über das Schiff berichtete, das im Hyperraum gesichtet wurde. Die Erdregierung versuchte, das Auffinden des Schiffs geheim zu halten. Alle Mitglieder archäologischen Ausgrabung wurden versetzt, viele sind tot oder verschwunden. Aber es kommt noch schlimmer. Vor wenigen Tagen wurde ein weiteres solches Schiff gefunden – auf Ganymed. Es soll zur Erde gebracht werden. Für Sheridan ist klar, dass das verhindert werden muss. Er lässt die White Star bereit machen. Da er vier Tage weg sein wird, müssen seine Leute ihn decken.

Aber es bleibt nicht unbemerkt. Die Night Watch hat entdeckt, dass Sheridan verschwunden zu sein scheint. Ohnehin drillt einer der Night Watch die anderen darauf, auf jedes verdächtige Verhalten zu reagieren. Er will auch, dass Zack den Sicherheitschef im Auge behält, etwas, das Zack alles andere als angenehm ist. Derweil vernichtet die White Star das Schattenschiff, wird dann aber von Sheridans alten Schiff, der Agamemnon, abgefangen. Entkommen kann die White Star nur, weil innerhalb der Atmosphäre eines Planeten ein Sprungtor geöffnet wird, was nie zuvor getan wurde. In den Nachrichten heißt es später, dass die Agamemnon das fremde Schiff, das zuvor eine Kolonie angegriffen habe, vernichtet hätte. Aufgrund der Vorkommnisse verhängt Präsident Clark das Kriegsrecht.

Hintergründe

Als Dr. Kirkish von ihren Erlebnissen auf dem Mars erzählt, schaltet sich Garibaldi ein. Er war damals selbst auf dem Mars, havarierte mit einem Shuttle und musste zusammen mit seinem Passagier ums Überleben kämpfen. Dabei stießen sie auch auf die Ausgrabungen des Schattenschiffs. Als Garibaldi später zurückkehrte, war jedoch nichts mehr da – mit Ausnahme einer beschädigten Psi-Corps-Marke. Die Geschichte wurde als Vierteiler in der leider kurzlebigen Comic-Serie von DC erzählt. Sie heißt *Shadows Past and Present,* die einzelnen Kapitel tragen die Titel *With Friends Like These..., Against the Odds, Survival the Hard Way* und *Silent Enemies.*

Es ist toll, wie der Comic so zu einem offiziellen Teil des *Babylon 5*-Kanons wird. Denn JMS war es immer wichtig, dass praktisch alle Geschichten dieses Universums in Zusammenhang miteinander stehen.

Als JMS mit der Arbeit an dieser, aber auch den nächsten beiden Folgen begann, war ihm klar, dass die Ereignisse sich rasant entwickeln, aber zugleich realistisch bleiben mussten. Er ließ sich von der Realität inspirieren, von der McCarthy-Ära, in der Kommunisten gejagt und gefunden wurden, auch wenn es keine gab. Es war eine Zeit, in der die Angst herrschte, in der die Menschen bereit waren, Freiheit gegen Sicherheit einzutauschen – etwas, das im Nachgang von 9/11 wieder passierte und den Boden bereitete für eine Welt, in der rechtspopulistische und rechtsextreme Kräfte auf dem politischen Parkett wieder erstarken. *Babylon 5* ahmt nur nach, was im Dritten Reich und andernorts real geschehen ist. Die Kunst imitiert das Leben, bis das Leben erneut die Kunst imitiert.

Dabei arbeitete die Serie durchaus subtil. Über mehrere Folgen hinweg waren im Hintergrund Night-Watch-Poster zu sehen, die an die Parolen-Poster der Sowjetunion erinnern. Auch in dieser Folge sind sie wieder spürbar. Sie verändern die Atmosphäre, sie zeugen davon, dass etwas im Argen ist, dass man nicht mehr jedem trauen kann.

Für diese Folge wurde das Innenleben der White Star modernisiert. Die organischen Elemente wurden zurückgeschraubt, das Set wirkt größer. Der Kommandosessel wurde mehr in die Mitte gerückt, außerdem ließ Regisseur Mike Vejar die Waffen- und Navigationskonsolen so gestalten, dass sie zusammengeschoben werden konnten. JMS fragte, was der Sinn dahinter war. »Weil es cool aussieht«, war Vejars Antwort.

Wichtig war JMS wiederum, eine Szene mit G'Kar zu haben, der in seiner Zelle von Garibaldi besucht wird. JMS sah den Narn als jemanden wie Lech Walesa oder Nelson Mandela, die ebenfalls Zeit im Gefängnis verbrachten und dort zu den Anführern wurden, die sie später waren – und die damit auch einen Umbruch und eine Veränderung einleiteten. G'Kar erfährt in der Zelle eine Wandlung, sodass aus dem im Grunde kriegerischen Narn ein spiritueller Mann wird, der nicht mehr der ist, der er früher war. Er hat eine enorme Entwicklung durchgemacht.

Kommentar

Mit *Messages from Earth* beginnt ein Dreiteiler, an dessen Ende der Status Quo von Babylon 5 richtiggehend erschüttert wird. Danach ist nichts mehr so, wie es war, gemäß dem Motto von JMS: »Es ist der Punkt ohne Wiederkehr, den jede Geschichte erreichen muss.«

Nichts anderes passiert hier, womit die dritte Staffel auch nochmals an Dramatik zulegt. Diese Folge ist ein gutes Zeugnis dafür. Dabei beginnt sie recht albern, mit echten Eiern und echtem Speck, die Ivanova zum Frühstück isst – und dabei durchaus neidische Blicke von Sheridan und Garibaldi erntet. Aber danach geht es gleich in medias res. Sowohl auf der Station als auch außerhalb spitzen sich die Ereignisse zu. Der Kampf der White Star gegen das Schattenschiff und Sheridans kreative Art, es zu besiegen, sind dabei nur ein Teil. Seine Weigerung, auf sein früheres Schiff feuern zu lassen, ist ebenfalls packend – und deutet an, was noch kommen wird. Denn den Luxus, nicht zu feuern, wird Sheridan schon bald nicht mehr haben.

Auf der Station wiederum hat man die Night Watch als eine Art SA des neuen Regimes, die sicherstellen soll, dass niemand aus der Reihe tanzt. Die, die es tun, sollen gemeldet und kaltgestellt werden. Sehr gut ist hier erneut Jeff Conaway, dessen Figur sich hier nicht zum ersten Mal die Frage stellen muss, wem seine Loyalität nun wirklich gilt.

Das Ende zeigt dann schön, wie ein korruptes und faschistoides Regime Fake News nutzt, um die eigenen Ziele voranzutreiben. Das Ausrufen des Kriegsrechts rettet Präsident Clark zudem vor der weiteren Untersuchung in Hinblick auf seine Teilhabe am Attentat auf seinen Vorgänger Santiago, weil dieses ihm derlaubt, mit praktisch einem Schlag alle seine Gegner aus dem Weg zu räumen.

Die Serie zeigt dabei sehr gut, wie rasant sich die Umstände ändern können. Was sich im zweiten Jahr noch mit kleinen Veränderungen ankündigte, kommt nun mit voller Wucht. Mit dem Kriegsrecht endet auch das demokratische System, und Clark instrumentalisiert sich als unangefochtener Alleinherrscher.

Dabei wird unglaublich viel in *Messages from Earth* angestoßen. Die Rückblicke auf das Entdecken des Schattenschiffs, die Involvierung des Psi-Corps, die nur schwer fassbare Allianz zwischen Erdregierung und Schatten, all das tritt hier erstmals richtig offen zutage – für all jene, die es sehen wollen, was im Grunde natürlich nur die Figuren von Babylon 5 sind.

Auch schön ist, dass JMS trotz der immens großen Geschichte, die er hier erzählt, Zeit für die kleinen Momente findet. Als Sheridan auf der White Star etwas Schlaf finden will, ist es Delenn, die ihm das ermöglicht. Zarte Bande werden hier geflochten, aus denen noch viel mehr werden wird.

Das Skript

Auf dem Weg vom Skript zur fertigen Folge erhielt die Archäologin von Interplanetary Expeditions einen neuen Namen. Im Skript heißt sie noch Karen Leigh, in der fertigen Folge Mary Kirkish. Im Skript sind vier Szenen enthalten, die es in der Episode nicht gibt.

Die erste Szene ist im Skript jedoch nur anders. In der Folge sitzt Ivanova schon am Tisch und isst zusammen mit Sheridan und Garibaldi. Im Skript stößt sie erst dazu, nachdem sie noch ein paar Worte mit Zack gewechselt hat. Am Tisch spricht sie dann von einer Comedy-Show, die sie gesehen hat. Es ist eine ziemlich lange Dialogpassage, die damit beginnt, dass Ivanova eine Phrase von Johnny Devo aus dessen Show gegenüber Zack wiederholt: »Eep eep, zooty zoot.«

Danach erklärt sie Sheridan und Garibaldi, dass dies die Reaktion des Komikers darauf war, dass alles um ihn herum zerfiel und in die Luft flog, er nur in die Kamera blickte und diese Phrase drosch. Angeblich war das zum Schreien komisch. Letztlich muss man aber wohl froh sein, dass diese Dialogpassage es nicht in die Folge geschafft hat. Der Humor von JMS kann bisweilen etwas gewöhnungsbedürftig sein.

Kurz darauf wurde ein Teil eines ISN-Berichts entfernt, in dem ein Sprecher von Präsident Clark zu Wort kommt und die Beweise für dessen Teilhabe an Santiagos Ermordung als gefälscht bezeichnet, erschaffen von Feinden der Erde.

Clark Spokesman: Senator, we are prepared to show that these statements are not only false, but deliberately planted by enemies of Earth in an attempt to destabilize our government.

Senator: Then you're willing to provide access to all of President Clark's files, including his medical records?

Clark Spokesman: No, senator, as that would violate the principle of executive privilege.

Entfernt wurde später ein kurzer Moment, als Delenn mit zwei Minbari spricht. Lennier kommt dazu und flüstert ihr etwas ins Ohr. Sie sieht besorgt aus und geht.

Im Skript ist die Szene nach dem Gespräch mit Dr. Kirkish anders. Sheridan schickt alle außer Delenn nach draußen. Die anderen sprechen außerhalb des Konferenzraums über das, was sie gerade gehört haben. Garibaldi macht sich Sorgen.

Garibaldi: Did you see the look on his face? It's like someone ripped his heart out.

Marcus: What do you do when you find out everything you've been fighting for is already lost?

Kurz danach folgt im Skript eine Szene mit Lennier, der Dr. Kirkish zu einem Minbari der religiösen Kaste bringt und ihr versichert, dass sie bei ihm sicher wäre, da sichergestellt sei, dass niemand, der nach ihr suche, sie finden würde.

Entfernt wurde später noch eine Szene am Anfang des dritten Akts, als Londo sich im C&C meldet, weil er mit Ivanova reden will. Er hat Sheridan mehrere Nachrichten hinterlassen, aber nichts von ihm gehört.

Londo: Commander Ivanova, good morning, I was wondering if perhaps you could tell me where the captain is. I've left several messages for him.

Ivanova: I'm afraid he's busy in meetings all day. Perhaps I can help you.

Londo: Perhaps you can do that.

Wertung von Kosh

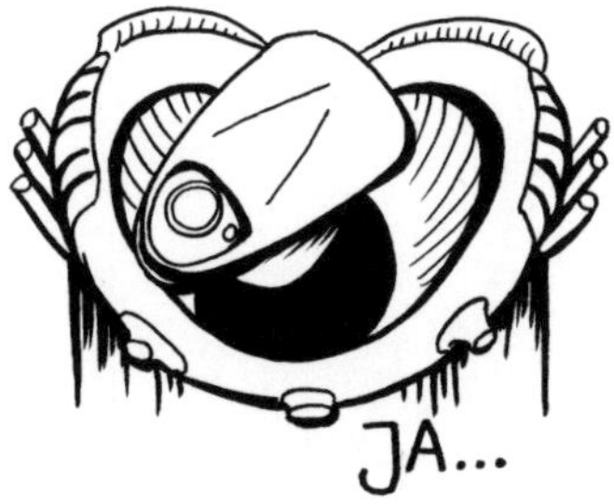

3.09
Point of No Return
(Kriegsrecht)

US-Erstausstrahlung: 26. Februar 1996
Deutsche Erstausstrahlung: 17. November 1996
Regie: Jim Johnston
Drehbuch: J. Michael Straczynski

Darsteller: Majel Barrett (Lady Morella), Marshall R. Teague (Ta'Lon), Vaughn Armstrong (Security Guard #1), Lewis

Arquette (General Smits), Ed Trotta (Lt. General O'Reilly), Josh Coxx (Lt. David Corwin), Maggie Egan (Jane / ISN Anchor)

Synopsis

Das Kriegsrecht wird auch auf Babylon 5 verhängt. Zugleich ergeht der Befehl, dass die Night Watch für die Sicherheit der Station zuständig ist, was Garibaldi so nicht hinnehmen will. Aber er kann nichts machen. General Hague hat sich gegen Präsident Clark gestellt; seine Versuche, das Militär hinter sich zu versammeln, drohen jedoch zu scheitern. G'Kar bietet Sheridan seine Hilfe an. Der hat erkannt, wie er die Night Watch aushebeln kann. Denn der Befehl zur Übernahme der Station kam vom politischen Büro, nicht jedoch vom Militär. Die militärische Kommando-Hierarchie ist damit nicht gegeben. Darum wird mit Hilfe von Zack ein Plan entwickelt, wie man alle Mitglieder der Night Watch entwaffnen kann. Da nun aber Sicherheitsleute fehlen, kommt G'Kar ins Spiel, denn seine Narn übernehmen diese Aufgabe nun.

Ivanova berichtet Sheridan, dass Hagues Schiffe bis auf eines zerstört wurden. Wo auch immer er als nächstes auftauchen wird, wird wohl der Ort sein, an dem er sein letztes Gefecht führen wird. Beiden ist klar, dass sie als nächstes auf der Abschussliste stehen.

Derweil hat Londo Besuch von Lady Morella, der dritten Gattin des verstorbenen Imperators. Sie ist eine Seherin, und er erhofft sich Aufschluss darüber, wohin sein Weg führt. Sie warnt ihn, dass er sein Ende nur noch abwenden kann, wenn er drei Chancen ergreift. Aber die Hinweise darauf sind vage. Bevor sie geht, sagt sie Londo, dass er Imperator werden wird, und Vir wird es auch werden. Sie werden beide Imperator, aber einer von ihnen muss dafür sterben.

Hintergründe

Es ist eine schöne, kleine Rolle, die JMS hier für Majel Barrett entwickelt hat – die der Seherin Lady Morella. Zustande kam dies, nachdem JMS erfahren hatte, dass Barrett bei Convention-Auftritten den Fans empfahl, neben *Star Trek* auch *Babylon 5* zu schauen, was angesichts einer gewissen Rivalität beider Fandoms nicht immer gut ankam. JMS rief bei Barrett an, um sich dafür zu bedanken. Im Gespräch merkten sie, dass sie beide wenig später bei der gleichen Convention sein würden, und verabredeten sich zum Essen. Als Überraschung brachte JMS das Skript zu *Point of No Return* mit und bot Barrett die Rolle an, die sie auch gerne annahm. Es ist ein kleiner, aber wichtiger Part, der auf Ereignisse verweist, die an diesem Punkt noch Jahre entfernt waren.

Beim Erzählen der Hauptgeschichte war es JMS wichtig, den Zuschauer zu involvieren, und zwar, indem er zeigte, wie derartige Ereignisse ablaufen würden. Kurz gesagt: Im Chaos würde man kaum etwas erfahren. Man würde die Nachrichten sehen, versuchen, mit Freunden und Verwandten Kontakt aufzunehmen, Informationen aufsaugen, wo man sie finden konnte – und doch hätte man nie ein Gesamtbild. Darum bekommen Sheridan und alle anderen auch nur das Wenige mit, das über die Nachrichten und ähnliche Kanäle zu sehen ist. Das sorgt für eine Art klaustrophobisches Gefühl, da man nie weiß, wie viel man wirklich von allem sieht, was vor sich geht, und das umso mehr, da sich schon in der Folge zuvor zeigte, dass die Nachrichten kompromittiert und News-Meldungen so herausgeben werden, wie sie vorgegeben wurden.

Über einen Bildschirm sieht man so, wie sich verschiedene Schiffe der Erdallianz gegenseitig bekämpfen. Im Zentrum: Hague, der Mann der Stunde, den man hier nicht sieht (und in der nächsten Folge auch nicht – der Grund ist eine wirklich gute Geschichte).

JMS ließ sich von der Realität inspirieren. Der vom Präsidenten angeordnete Angriff auf das Senatsgebäude, nachdem er den Senat aufgelöst hatte, aber nicht alle gehen wollten, geschah so in Russland, als Boris Jelzin das Militär gegen den aufgelösten Senat schickte. Darüber hinaus ist natürlich der Aufstieg und die Festigung des Dritten Reichs die Blaupause für *Babylon 5.* Mit der Night Watch hat Clark eine eigene SA, das Ministerium für Frieden ist das Pendant zum

Ministerium für Propaganda und Clark eine wenig verklausulierte Version von Hitler.

Das Kernthema dieser Folge ist Wahl. Lady Morella erklärt, dass man sich selbst gegenüber gerne sagt, man hätte keine Wahl gehabt, aber damit rechtfertigt man nur die Entscheidung, die man ohnehin schon getroffen hat. Um die Wahl geht es auch bei Sheridan. Er hatte in früheren Folgen schon häufiger eine solche und suchte immer nach Wegen, sein Ziel zu erreichen, aber möglichst wenig Wellen zu schlagen. Doch seine Möglichkeiten schränken sich immer weiter ein, bis am Ende von *Point of No Return* nur zwei übrigbleiben: Entweder man gibt auf, oder man kämpft. Mit seiner ›bürokratischen‹ Lösung, die Night Watch außer Gefecht zu setzen, bleibt ihm gar keine Wahl mehr. Es kann nur noch den Kampf geben.

»Offener Krieg steht Euch bevor, ob Ihr ihn riskieren wollt oder nicht«, sagt Aragon in *The Lord of the Rings: The Two Towers (Der Herr der Ringe: Die zwei Türme,* 2002) zu König Theoden. Dasselbe gilt nun auch für Sheridan.

Kommentar

Die Musik unterstreicht die Dringlichkeit. Sie ist minimalistisch, aber zugleich eindringlich. Spannung wird aufgebaut, und das, als ob es davon nicht schon genug geben würde, denn *Point of No Return* ist mit Abstand eine der besten Folgen der Serie und dabei noch längst nicht so gut wie das folgende *Severed Dreams.*

Die Ereignisse überschlagen sich – in der Heimat, auf den Kolonien, aber auch auf der Station. Clark hat den Senat aufgelöst, die Senatoren sind festgenommen oder auf der Flucht. Mit dem Schreckgespenst der Unterwanderung durch Außerirdische wird aufgeräumt, was auch auf der Station passieren soll. Das ist die Folge, in der Zack eine Seite wählt. Es ist die richtige, aber das hat man im Grunde nie in Frage gestellt. Es ist dennoch ein großer Moment, als er die Night-Watch-Binde von seinem Arm reißt und wegwirft.

Die Geschichte bietet einen Pyrrhussieg für Sheridan. Er hat die Night Watch entwaffnet, aber nur aufgrund einer Formalie. Jeder weiß, dass in Kürze ein vom Militär kommender Befehl folgen wird, der die Night Watch wieder einsetzt. Aber hier wird auf Zeit gespielt. Inmitten eines Staatstreichs formiert sich Widerstand, aber er ist zu wenig organisiert, zu schwach in der Anzahl, und doch hofft Sheridan, dass es reichen wird, Hague Zeit zu erkaufen. Am Ende zeigt sich: Es reicht nicht. Clark hat das Militär so weit hinter sich gebracht, dass kaum jemand ausschert.

Der Titel hätte passender nicht gewählt sein können. Nach dieser Folge gibt es keine Rückkehr zur Normalität mehr. Es ist einer jener Momente, in denen sich Schicksale entscheiden, in denen ein Weg eingeschlagen wird, der nur noch in eine Richtung führt. Zugleich zeigt diese Folge eindrucksvoll, dass Erich Kästners Zitat von der Lawine, die niemand mehr aufhalten kann, nur zu wahr ist. Babylon 5 stemmt sich gegen die Erdallianz unter Clark, aber es ist letztlich zu spät, um etwas zu verhindern. Der Mann hat die komplette Kontrolle übernommen und wird nun versuchen, jeden Widersacher auszuschalten. Das bereitet die Bühne für *Severed Dreams,* eine Folge, die eine der besten Reden der ganzen Serie zu bieten hat.

Dem gegenüber steht eine recht amüsante Nebenhandlung, die in all dem Chaos durchaus witzig ist, aber eben auch ernsthaft. Denn JMS erlaubt wieder den Blick nach vorne, zeigt Londo als gebeugten, schwachen Imperator und lässt noch dazu die Bombe platzen, dass auch Vir Imperator werden wird. Aber der eine kann dem anderen nur nachfolgen, wenn er tot ist. Natürlich wird es nicht gesagt, die Logik legt aber natürlich nahe, dass es Vir ist, der Londo nachfolgt. Das weiß auch Londo, der mit den drei kryptischen Warnungen, die ihm Morella gibt, nicht viel anfangen kann.

Die Warnungen besagen, dass Londo das Auge retten muss, das nicht sehen kann, dass er denjenigen nicht töten darf, der schon tot ist, und dass er sich seiner größten Furcht ergeben muss. Das Auge, das nicht sieht, wird G'Kar gehören, der Mann, der schon tot ist, wird Sheridan sein, und die größte Furcht Londos ist, dass G'Kar ihn töten wird.

Das Skript

Dies ist einer der wenigen Fälle, in denen das Skript genauso umgesetzt wurde, wie JMS es geschrieben hatte und weder Änderungen noch das Entfernen von Szenen notwendig waren – im Gegensatz zur nächsten Folge.

Wertung von Kosh

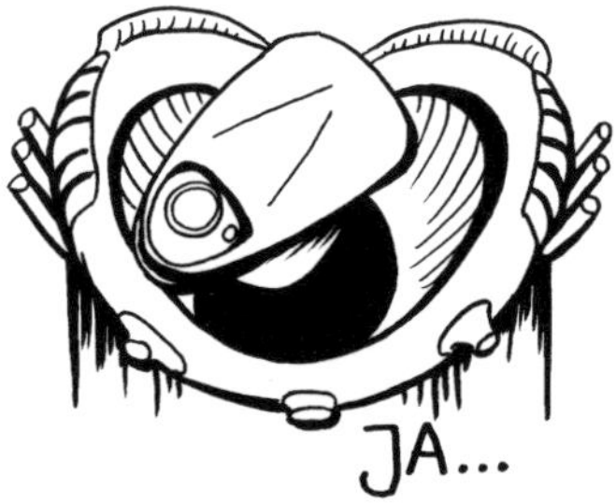

3.10
Severed Dreams
(Die Strafaktion)

US-Erstausstrahlung: 1. April 1996
Deutsche Erstausstrahlung: 24. November 1996
Regie: Kevin J. Eagle
Drehbuch: J. Michael Straczynski

Darsteller: Kim Miyori (Captain Sandra Hiroshi), Rance Howard (David Sheridan), Phil Morris (Bill Trainor), Bruce McGill (Major Ed Ryan), Josh Coxx (Lt. David Corwin), Maggie Egan (Jane / ISN Anchor)

Inhalt

Major Ed Ryan kommandiert die Alexander, nachdem General Hague im Kampf gefallen ist. Er lässt Kurs auf Babylon 5 nehmen. Das gibt Sheridan und seinen Leuten nur wenige Stunden Zeit, aber alles wird vorbereitet, so dass niemand eine Nachricht zur Erde schicken kann. Letztlich ist dies vergebens, wie sich herausstellt, als auch die Churchill zur

Station kommt. Deren Captain, Sandra Hiroshi, erklärt Sheridan, dass bereits Kriegsschiffe auf dem Weg nach Babylon 5 sind. Sie wurden schon losgeschickt, bevor die Alexander hier ankam. Ihr Auftrag: den Kommandostab verhaften und Kontrolle über Babylon 5 übernehmen. Als über ISN zu hören ist, dass Clark zivile Ziele auf dem Mars bombardieren ließ, da sich die Mars-Regierung weigerte, das Kriegsrecht auszurufen, eskaliert die Lage weiter. ISN wird von Soldaten gestürmt. Bevor die Lichter ausgehen, spricht einer der Reporter noch darüber, was wirklich vor sich geht – dass nämlich zwei Kolonien nach der Mars-Bombardierung ihre Unabhängigkeit von der Erdallianz ausgerufen haben.

Mit Hilfe von Draals Maschine erreicht Sheridan die ganze Station. In seiner Ansprache erklärt er, dass Präsident Clark gegen die Konstitution der Erdallianz verstoßen hat und dass zwei Kolonien sich bereits unabhängig erklärt haben. Babylon 5 geht diesen Schritt nun auch. Kriegsschiffe von der Erde erreichen kurz darauf die Station. Es kommt zum Kampf, den Babylon 5 für sich entscheiden kann. Doch dann öffnet sich ein Sprungtor, und weitere Kriegsschiffe erscheinen. In dem Moment aber kommt Delenn mit einer Minbari-Flotte hinzu und erklärt, dass Babylon 5 unter ihrem Schutz steht. Die Erd-Schiffe ziehen sich zurück.

Hintergründe

Eigentlich hätte in *Severed Dreams* General Hagues große Stunde kommen sollen. Robert Foxworth war gebucht, alles war vorbereitet, da meldete sich sein Agent bei den *Babylon 5*-Produzenten. Es gab ein Problem bei der Disponierung. Foxworth war in derselben Woche für zwei Serien gebucht. Er hat sich dann für die andere entschieden, weil dort besser bezahlt wurde. Um das Ganze noch hässlicher zu machen: Die andere Serie war *Star Trek: Deep Space Nine*. Er wirkt dort in dem Zweiteiler *Die Front* und *Das verlorene Paradies* mit. Dem *Babylon 5*-Schöpfer ließ er ausrichten, dass er gerne in einer anderen Folge wieder dabei wäre. Dazu kam es natürlich nicht, denn Hague stirbt hier – offscreen. Das ist nicht unbedingt ideal, aber es unterstreicht sogar die Ernsthaftigkeit der Situation, da im Krieg auch ›Helden‹ sterben und man das erst im Nachhinein erfährt.

Letztlich war es der Fehler des Disponenten, aber JMS hegte fortan einen Groll gegen Foxworth. Im Jahr 2003 war dieser als Präsident in der Sci-Fi-Serie *Jeremiah* dabei, die JMS als Showrunner betreute. Damals wusste das Studio um JMS' Groll gegen Foxworth, bat ihn jedoch, darüber hinwegzusehen. Das tat er auch, weil er wusste, dass der Schauspieler in der Rolle gut sein würde. Seine kleine Revanche erhielt er aber dennoch. Als Foxworth am Set auftauchte, vorbereitet und mit allem Text im Kopf, händigte er ihm neue Seiten aus – mit ausgesprochen viel Dialog für Foxworths Rolle. Die hatte der Schauspieler alle zügig zu lernen. Allerdings war es Material, von dem JMS wusste, dass es sowieso zu einem Großteil im Schneideraum landen würde. Man könnte sagen, JMS agierte hier ein bisschen kleinlich und nachtragend; er selbst erzählt die Geschichte aber gerne.

Da Hague aus dem Rennen war, brauchte es eine neue Figur, die an seine Stelle treten konnte. In einem Café war JMS dem Schauspieler Everett McGill begegnet, den er persönlich nicht kannte, den er aber in *Twin Peaks* (1990-1991) großartig fand. Er sprach ihn an und sagte ihm, dass er eine Rolle für ihn hätte. McGill hat sich wahrscheinlich nicht viel dabei gedacht und letztlich auch nie wieder von JMS gehört. JMS wiederum sprach mit der fürs Casting Verantwortlichen und sagte, dass er gerne diesen Kerl aus *Twin Peaks* haben wollte. An den Namen konnte er sich nicht so genau erinnern. Letztlich kamen beide auf McGill, aber der Vorname? Sie dachte schließlich an Bruce McGill, den sie auch kannte. Dass dieser bei *Twin Peaks* nicht dabei gewesen war, wusste sie nicht, da sie die Serie nicht gesehen hatte. Ihm wurde ein Angebot unterbreitet; ein Vorsprechen war aufgrund der Dringlichkeit, mit der die Rolle besetzt werden musste, nicht nötig.

Als der Drehtag begann, wollte JMS Everett McGill begrüßen und traf auf Bruce McGill. Der konnte offenbar gut lesen, was in JMS' Kopf vor sich ging, und meinte nur, dass er wohl einen anderen McGill erwartet hätte, eine Verwechslung, die häufiger vorkam, wenngleich die beiden McGills nicht die geringste Ähnlichkeit miteinander haben. Aber Bruce McGill war nun einmal hier, und so drehte er seine Rolle. Tatsächlich brachte er etwas ein, das sein Namensvetter wohl nicht gehabt hätte. Denn sein Major Ryan ist stark, aber auch freundlich und ausgesprochen sympathisch. Es ist wirklich schade, dass er nur in dieser einen Folge dabei war. Übrigens gibt es auch einen Outtake, in dem McGill die Situation mit Foxworth kommentiert. Bei der Szene, als Sheridan fragt, wo Hague sei, antwortete McGill: »General Hague is doing Deep Space Nine. He was double-booked by his agent, there was nothing to be done. So you'll have to do with me, sir.«

Die Besetzung von Captain Hiroshi verlief recht glatt, weil bei Babylon 5 in den Charakterbeschreibungen selten ein Geschlecht und noch seltener eine Ethnie angegeben wurde. Das Prinzip war, dass die Macher so viele Schauspieler wie möglich sehen und dann den besten auswählen wollten. Ursprünglich sollte die Rolle darum auch Jennings heißen. Weil Kim Miyori beim Vorsprechen aber so gut war, erhielt sie die Rolle, und die Figur änderte ihren Namen.

Aufwendig waren die Spezialeffekte. Hier brauchte es mehr als 100 EFX- und CGI-Shots – das waren etwa 30 mehr als bei *The Fall of Night.* Die Vorbereitungen für die epische Schlachtszene mussten früh getroffen werden. Letztlich wurde bis kurz vor Schluss an der Folge gearbeitet – in jedem Bereich. Erst wenige Minuten, bevor die Folge an die sie ausstrahlenden Sender übertragen wurde, war sie wirklich fertig. Das lag unter anderem daran, dass JMS hier alles perfekt haben wollte. Darum sollte Sheridan bei seiner Rede als Hologramm von Draals Maschine gezeigt werden. Es hätte auch eine Nachricht über die Monitore sein können. Das wäre schneller und günstiger gewesen, aber JMS wollte dieses Bild eines über allen schwebenden Sheridan, weil er das Gefühl hatte, dass das ein wenig vorwegnahm, was in *Z'ha'dum* passieren würde.

Eindrucksvoll ist die Szene, in der Sheridan im Konferenzraum erfährt, dass mehrere Kriegsschiffe auf dem Weg nach Babylon 5 sind. Hier hat man die Dialoge heruntergeregelt, weil dies illustrieren sollte, unter welchem Schock der Captain stand. Zugleich wurde eine Kamerabewegung durchgeführt, die von Alfred Hitchcock für *Vertigo (Vertigo – Im Reich der Toten,* 1958) entwickelt und von Steven Spielberg grandios in *Jaws (Der weiße Hai,* 1975) eingesetzt wurde. Dabei fährt die Kamera in eine Richtung, während sich die Linse in eine andere bewegt. Das Ergebnis ist ein desorientierender Blickwinkel, der es aussehen lässt, als ob die Umgebung um jemanden herum schrumpfen würde.

Mira Furlan hatte bei ihrer großen Szene vor dem Grauen Rat Probleme. Am Ende sollte sie einen Stab durchbrechen. Der war auch dafür präpariert worden, aber es gelang ihr Take um Take nicht, sodass man ihn noch mehr ansägte, bis es schließlich klappte. Beim Kampf am Ende, bei dem Sicherheitsleute und Narn gegen die die Station enternden Soldaten der Erde kämpfen, wurde Jerry Doyle verletzt. Michael Garibaldi auch, der aber am Fuß – eine Szene, die vor dem Kampf gedreht wurde. Später erklärte man, dass Garibaldi sich den Arm verletzt hätte, denn so erging es Doyle. Er stolperte über einen Stuntman, der am Boden lag, und fiel so unglücklich, dass er sich den Arm brach. Er wollte aber nicht sofort ins Krankenhaus, sondern biss die Zähne zusammen, damit die Szene abgeschlossen werden konnte. Wie es der Zufall in solchen Momenten will: Doyle stolperte noch einmal und brach sich den Arm an einer zweiten Stelle. Dennoch drehte er weiter. Der letzte Moment ist der, in dem der verletzte Garibaldi an der Wand zu Boden rutscht, gestützt von Zack. Der Schmerz im Gesicht von Garibaldi war echt.

Kommentar

Dies ist der Höhepunkt von zweieinhalb Jahren *Babylon 5.* Das Skript ist superb, die Dialoge kraftvoll, die Darstellung brillant – *Severed Dreams* ist ein Triumph. JMS ist immer gut darin, Reden zu schreiben, wie die von Delenn an den Grauen Rat, mehr aber noch die von Sheridan. Das ist Gold für jeden Schauspieler, und Bruce Boxleitner und Mira Furlan machen daraus etwas unheimlich Kostbares. Großes Drama, das Gänsehaut erzeugt. Überhaupt: Diese Folge ist so intensiv, das man sich ihrer Wirkkraft gar nicht entziehen kann.

Die Schlacht am Ende ist die logische Konsequenz, aber man spürt auch Sheridans Verzweiflung darüber, dass Männer wie er, die ein Schiff befehligen, nicht die Illegalität von Präsident Clarks Befehlen erkennen. Ihm bleibt nur zu tun, was sein Vater ihm einst beibrachte: »Fange nie einen Kampf an, aber beende ihn immer.«

Es gibt in dieser Folge auch die kurzen, fast stillen Momente. Etwa, wenn Sheridan mit seinem Vater spricht, wohl wissend, dass dies das letzte Mal für eine sehr, sehr lange Zeit sein wird. Das ist seinem Vater ebenfalls klar, aber er ermutigt seinen Sohn, das Richtige zu tun. Andere Momente sind nicht weniger kraftvoll, wenn beispielsweise G'Kar einen verwundeten Ranger trägt oder Delenn ihm sagt, dass er nicht mehr der Mann sei, den sie vor vier Jahren kennenlernte, oder wenn die Leute im C&C sich für die richtige Seite entscheiden. Das alles sind Highlights in einer Folge, die man als einziges Highlight bezeichnen muss.

Tricktechnisch ist sie ebenfalls prächtig. Der Kampf von Babylon 5 und den verbündeten Schiffe gegen die Angreifer ist brachial. Es ist ein Bruderkrieg, bei dem der Feind nicht gesichtslos ist. Diejenigen, die hier gegeneinander kämpfen, kennen einander – auf die eine oder andere Art, und sei es nur, weil sie einst auf derselben Seite standen und dieselben Ideale vertreten haben.

Grandios ist der Moment, als Delenn mit der White Star und weiteren Minbari-Kriegsschiffen die Station erreicht. Ihre kleine Ansprache, dass nur ein menschlicher Captain je den Kampf mit einer Minbari-Flotte überlebt hat und er hinter ihr steht, die anderen Menschen jedoch vor ihr, ist brillant. Es ist fast schon witzig, wie die Erd-Schiffe abdrehen und verschwinden, nachdem Delenn sie gewarnt hat.

Das Skript

Die größte Veränderung vom ersten Skript zur fertigen Folge ist einfach, dass General Hague nicht mehr dabei ist. Praktisch alle Dialoge, die Major Ryan in der Folge hat, waren zuvor die von Hague – abgesehen von der Bemerkung über den toten Hague natürlich.

Im Skript gibt es zwei Szenen, die in der Folge nicht dabei sind, eine wurde verändert. Eine der entfernten Szenen findet während der Schlacht statt. Ivanova ist mit ihrer Starfury mitten im Gefecht, als Sheridan sie über Funk warnt, dass sie auf sechs Uhr achten muss – da tauchen feindliche Starfuries auf.

Verlängert ist im Skript die Szene, als ein Minbari dem Captain der Erd-Schiffe erklärt, er solle besser woanders sein. Corwin erklärt Sheridan, dass er eine kodierte Nachricht von Delenn erhalten hat, nach der noch mehr kommen werden.

Corwin: Captain … picking up coded message from Delenn on a sub-channel … it says, »We invited some friends, just to be sure.« What's she … oh my god.

Darauf folgt eine entfernte Szene. Ein Jumpgate öffnet sich, und hindurch kommt eine Flotte der Vorlonen. In dem Moment dreht sich Sheridan im C&C um und sieht Kosh, der nickt.

Wertung von Kosh

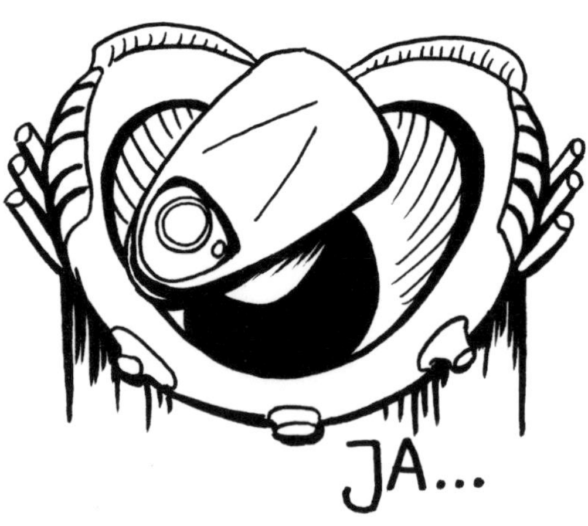

3.11
Ceremonies of Light and Dark
(Ein neuer Anfang)

US-Erstausstrahlung: 8. April 1996
Deutsche Erstausstrahlung: 1. Dezember 1996
Regie: John C. Flinn III
Drehbuch: J. Michael Straczynski

Darsteller: William Forward (Lord Refa), Don Stroud (Boggs), Paul Perri (Sniper), Kim Strauss (Lennan), Josh Coxx (Lt. David Corwin), Harlan Ellison (Sparky the Computer)

Inhalt

Die Centauri führen Krieg an mehr als zehn Fronten, weil Lord Refa gemeinsame Sache mit den Schatten macht. Londo vergiftet ihn und will ihn so zwingen, die Kriege zurückzufahren und sich von Mr. Morden zu distanzieren. Garibaldi hat mit dem Computer zu kämpfen, denn nach einem Neustart, um neue Passwörter zu verteilen, ist eine K.I. wieder da, die sehr eigensinnig und absolut unkomisch ist. Im Untergrund agierende Mitglieder der Night Watch unter Leitung von Boggs haben Delenn und einen Captain der Minbari entführt. Sie fordern, dass die Minbari abziehen, weil dann die Erdstreitkräfte Babylon 5 übernehmen könnten. Zum Schein wird darauf eingegangen, aber durch Marcus' Hilfe weiß Sheridan, wo die Geiseln gefangen gehalten werden. Sie können befreit werden, doch Delenn wird dabei verletzt. Damit droht die Zeremonie der Wiedergeburt ins Wasser zu fallen, aber sie wird an ihrem Krankenbett abgehalten. Jeder muss etwas von Wert aufgeben und ein Geheimnis offenbaren. Alle geben ihre Uniform auf. Sheridan gesteht, dass er Gefühle für Delenn hat, Garibaldi, dass er sich manchmal vor sich selbst fürchtet, Ivanova, dass sie Talia geliebt hat, und Franklin, dass er ein Problem hat. Delenns Geschenk an die Vier: neue Uniformen.

Hintergründe

Die neuen Uniformen sollten illustrieren, dass die Figuren die Vergangenheit hinter sich zurücklassen. Ursprünglich war nur geplant, dass die vier Hauptfiguren die neuen Uniformen erhalten sollten. Weil aber immer mehr Cast-Mitglieder nach ihnen fragten, da sie zweifelsohne besser aussahen, wurden nach und nach alle alten Uniformen ersetzt. Die Gestaltung der neuen Uniformen begann schon zum Ende der zweiten Staffel hin. Da JMS sie schwarz haben wollte, war Kostümdesignerin Ann Bruice Aling gefragt, die richtigen Materialien zu finden, denn Schwarz neigte dazu, Details zu verschlucken. Man darf nicht vergessen: High-Definition-TV gab es damals noch nicht.

JMS wollte den neuen Status Quo illustrieren, aber mit dieser Folge auch zeigen, was sich verändert hatte. Während die Hauptfiguren zuvor gezwungen waren, Geheimnisse für sich zu behalten, sind es nun die Schurken, nämlich die Night-Watch-Leute, die für Ärger sorgen. Symbolisch ist darum auch, dass die Figuren etwas von sich preisgeben, was sie niemandem zuvor gesagt haben. Das nutzte JMS sehr effektiv, da er hier auch ein für allemal klarstellen konnte, dass Ivanova und Talia tatsächlich ein Paar waren, etwas, das bisher nur sehr subtil angedeutet war. Aber auch Sheridan und Franklin haben wichtige Geheimnisse. Der eine liebt Delenn, der andere weiß, dass er ein Suchtproblem hat.

Eine andere Figur enthüllt ebenfalls ihr Geheimnis: Lennier. Nicht gegenüber Delenn, aber gegenüber Marcus. Lennier gesteht ihm, dass er Delenn liebt. Das war eine der Möglichkeiten für Lennier, die JMS lange in Betracht gezogen hatte, aber weil der Minbari nur eine Nebenfigur war, war er bislang nicht dazu gekommen, eine Entscheidung zu treffen. Im Vorfeld dieser Folge wandte sich jedoch Bill Mumy an ihn und erklärte, dass er glaubte, Lennier würde Delenn lieben. Er sah seine Figur als so etwas wie Lancelot in der Artus-Saga – derjenige, der die Königin liebt, aber darüber niemals glücklich werden wird. JMS sprach mit Mumy, der es gut fand, wenn seine Figur diese Entwicklung durchmachen würde. Aber der Autor warnte ihn: Eine unerwiderte Liebe kann niemals gut enden, womit er auf Lenniers Moment der Schwäche in der fünften Staffel hindeutet.

Für den nervigen Computer Sparky wollte JMS unbedingt Harlan Ellison, da er viel von dem, was der Schriftsteller ihm gegenüber ohnehin gesagt hatte, in die Rolle eingewoben hat. Als Ellison fragte, wieso er ihn für die Rolle wollte, meinte JMS nur: »Ich brauche jemanden, der richtig nervig sein kann.«

Der Song, den der Psychopath von der Night Watch singt, nachdem er erzählt hat, wie er einen Minbari langsam getötet hat, ist ein alter Gospelsong, den JMS zufällig hörte, als er darüber nachdachte, was er machen könnte, um die Figur noch irrer wirken zu lassen.

Kommentar

Die Folge ist eine der Neubesinnung. Babylon 5, wie man es kannte, ist vorbei; dies ist eine neue Show. JMS verglich das damit, dass er Warner seinerzeit die Serie als »*Casablanca* im Weltall« gepitcht, aber nun eine Version des Politthrillers *Seven Days in May (Sieben Tage im Mai,* 1964) abgeliefert hatte. Nun, da alles anders ist, ist eine Bestandsaufnahme wichtig. Londo geht gegen seinen internen Widersacher vor, mit einem Zwei-Komponenten-Gift, das erst wirksam wird, wenn das zweite Element vom Körper aufgenommen wird. So will er Lord Refa unter Kontrolle halten. G'Kar ist damit beschäftigt, den Wert seiner Narn für die Station weiterhin zu unterstreichen. Delenn möchte die Zeremonie der Widergeburt abhalten, aber einige wollen nicht daran teilhaben: Londo, G'Kar und Marcus.

Die Geschichte um die Entführung von Delenn ist für die Spannung und die Action zuständig. Sie ist der weniger interessante Teil der Handlung, denn die Umwälzungen auf der Station, dieser Neubeginn von Babylon 5, ist weitaus reizvoller und natürlich mit einer Folge nicht abgeschlossen. Aber der Anfang ist gemacht, und jedem Anfang wohnt ein Zauber inne – etwas, das man mitten in der dritten Staffel einer Serie nur sehr, sehr selten erlebt.

Don Stroud als Boggs ist völlig überzogen, Paul Perri als sein durchgeknallter Unterling aber besser. Wie er davon erzählt, wie er im Krieg einen Minbari zu Tode gefoltert hat, ist gänsehauterzeugend – insbesondere, als er zu singen anfängt!

Die Handlung um den Computer-Neustart soll vor allem etwas Leichtigkeit hineinbringen. Gesprochen wird die K.I. von JMS' altem Freund Harlan Ellison, der dabei sichtlich Spaß hatte. Die wichtigste Neuerung sind jedoch die Uniformen. Nachdem sich Babylon 5 unabhängig erklärt hatte, wäre es natürlich unsinnig, weiterhin dieselben Earthforce-Uniformen zu tragen. Der Übergang dazu, dass alle Soldaten an Bord der Station neue Uniformen erhalten, wird aber noch dauern. Das illustriert auch, dass sich Dinge erst peu à peu ändern.

Das Skript

Auf dem Weg zur fertigen Episode waren einige Änderungen vonnöten. Vier Szenen sind nur im Skript enthalten, acht weitere sind dort deutlich länger. Entfernt wurde ein kurzer Moment, als Corwin erklärt, dass die Särge bereit sind, zur Sonne geschickt zu werden. Es ist nur ein kurzer Dialog ohne besondere Bedeutung.

Die Szene, als Delenn mit G'Kar über die Zeremonie der Wiedergeburt spricht, ist im Skript ein bisschen länger. Sie erklärt, dass sie versteht, dass er nicht teilnehmen kann. G'Kar ist eben sehr beschäftigt, er gibt ein paar Narn Anweisungen.

Die Szene mit Garibaldis Diskussion mit der künstlichen Intelligenz Sparky ist länger – und nerviger. Denn Sparky bietet an, einen Song zu singen.

Sparky: See? Now you're over-tired and cranky. I could sing you a song. Do you want me to sing you a song? I could do that. »Peanut sitting on a railroad track, it's heart was all a-flutter / Along came the 9:02 toot-toot, peanut butter.«

Die Szene, als Boggs seine Forderungen stellt, ist länger. Sheridan warnt ihn, dass er diese Station nicht lebend verlassen wird, wenn er Delenn und Lennan etwas antut. Boggs zeigt sich davon unbeeindruckt, weil er schon weiß, wie er Babylon 5 unbemerkt verlassen kann.

Sheridan: Do that and you'll never get off this station alive. You've got my word on that.
Boggs: I know this place inside and out, Captain. I can get out if I have to … but you know what? I won't have to. You're a smart man; you'll do what's best for everyone.

Die Szene, als Garibaldi davon spricht, dass er Boggs' rechte Hand kennt, ist im Skript ein wenig länger. Sheridan gibt Garibaldi den Befehl, auch mit den Botschaftern zu sprechen – vielleicht wissen sie ja etwas. Er befiehlt Ivanova, Kontakt mit den Minbari-Schiffen aufzunehmen und ihnen zu versichern, dass Delenn und Lennan sicher freikommen werden.

Ivanova: What should I tell them?
Sheridan: That we don't negotiate with terrorists, and that we will get Delenn back safely.

Gleich danach sieht man, wie der tote Minbari weggeschleift wird, als Sheridan mit sich selbst redet.

Sheridan: God help anyone who so much as lays a finger on her, because he'll answer to me personally.

Kein wichtiger Moment, aber einer, der vorbereitet, wie er danach alleine dem Mann nachjagt, der Delenn das Messer in den Rücken geworfen hat. Danach folgt eine entfallene Szene. Garibaldi spricht hier mit Londo, der nicht weiß, wo Delenn sich aufhält. Minbari sind ihm im Grunde egal, Delenn aber nicht, weil sie immer gütig zu ihm war. Garibaldi bittet darum, dass Londo seine Kontakte nach ihr suchen lässt, was dieser auch verspricht. Außerdem bedauert er, dass abgesagt hat, an Delenns Zeremonie der Widergeburt teilzunehmen.

Londo: No, I'm sorry, Mr. Garibaldi, I cannot help you.
Garibaldi: Can't or won't?
Londo: Can't. True, I have no special love for the Minbari; they have intruded into our business, and they have a certain annoying smugness about them. But Delenn is different. She was kind to me even if there was nothing to be gained. I would not want any harm to come to her.
Garibaldi: Yeah, well, a whole lotta harm's gonna befall her unless we find her. Look, Londo, I know you've got a network of contacts around here, and if you'd …
Londo: … ask them to search for her? Of course. Anything. And Mr. Garibaldi … there is no price attached to this help. I see that worry in your eyes. Rest easy. She came to me, you know, just before all this happened. She asked me to take part in this … rebirth ceremony. I rebuffed her. I was rude to her without cause. I think, now, would it really have been so great an inconvenience? I'd prefer that my last memory of Delenn would not be tainted by my foolishness. Find her, Mr. Garibaldi.

Entfernt wurde ein kurzer Moment mit Lennier, der zu der Bar in DownBelow läuft, in der Marcus gedroht hat, alle zu verprügeln. Als Lennier ankommt, fliegt gerade jemand durch die Tür und schlägt an der Wand auf.

Das Gespräch zwischen Marcus und Lennier ist länger. Marcus ist überrascht, dass Lennier nicht die Suche leitet, der Minbari erklärt jedoch, dass andere das bereits tun. Nachdem Lennier seine Liebe für Delenn gestanden hat, bietet Marcus ihm einen Drink an.

Marcus: Here; sometimes a drink makes it easier to talk about things.
Lennier: It's water.
Marcus: Well, if you're not going to play along …
Lennier: There is nothing else to say.

Als Sheridan Ivanova erklärt, dass man zum Schein auf die Forderungen eingeht, ist der Dialog im Skript etwas länger. Denn Sheridan spricht den Computer an, aber es ist immer noch Sparky, der mit einer *Taxi Driver*-Dialogzeile antwortet.

Sheridan: Computer.
Sparky: What? You talking to me? Are you talking to me?
Garibaldi: It's … a long story.

Der Epilog ist etwas länger. Sheridan droht dem Sicherheitsmann, der für Boggs gearbeitet hat, dass auf Meuterei der Tod steht. Lennier interveniert, da nur Minbari zu Schaden gekommen sind. Die Minbari wiederum glauben nicht an die Todesstrafe. Er schlägt vor, ihn zu einer Kolonie der Minbari zu bringen, auf der die Lebensumstände ausgesprochen unwirtlich sind. Dort leben nur wenige Minbari, die sich hauptsächlich zur Meditation in Hinblick auf die eigenen Fehler dorthin zurückziehen. Um ihre Sicherheit zu gewährleisten, würde man den Mann mehrere tausend Kilometer von der Siedlung aussetzen.

Sheridan: Well, since we're making up our own rules now, without the Earth legal system backing us up … if you're happy with it, I'll allow it. We'll have the others ready to go as soon as they're able to travel.

Wertung von Kosh

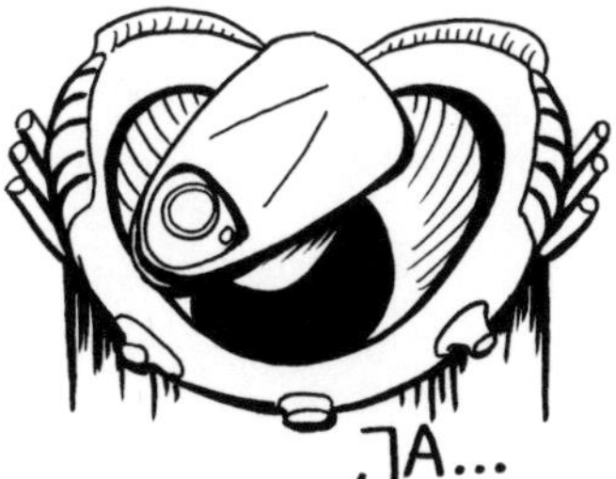

3.12
Sic Transit Vir
(Eine wahre Centauri)

US-Erstausstrahlung: 15. April 1996
Deutsche Erstausstrahlung: 8. Dezember 1996
Regie: Jesús Salvador Trevinño
Drehbuch: J. Michael Straczynski

Darsteller: Carmen Thomas (Lyndisty), Damian London (Centauri Official), James Jude Courtney (Narn #1)

Inhalt

Vir kommt auf die Station und trifft dort Lyndisty, seine zukünftige Frau. Wenig später werden sie von einem Narn angegriffen, aber von Sheridan und einigen Sicherheitsleuten gerettet. Bevor der Narn stirbt, ruft er einen Blutschwur aus. Das heißt, dass es um Blutrache geht und der nächste Verwandte seinen Platz einnehmen wird. Aber wieso könnte er Vir töten wollen? Ivanova forscht nach und glaubt, dass es daran liegt, dass Vir mehr als 2.000 Narn auf die Heimatwelt der Centauri bringen ließ. Ihr hat er erzählt, dass sie dort besser leben; Nachforschungen zeigen, dass die Narn tot sind. Vir gesteht nun, dass er deren Tod vorgetäuscht hat, weil er sie nur so aus dem Centauri-Einflussbereich herausbringen konnte. Londo ist entsetzt und setzt alle Hebel in Bewegung, dass Vir von Minbar abgezogen und wieder unter seine Obhut kommt.

Wenig später wird klar, dass der Narn es nicht auf Vir, sondern auf Lyndisty abgesehen hat. Sie erzählt Vir, dass ihr Vater und sie auf Narn für einen Genozid verantwortlich sind – natürlich alles zum Besten des Imperiums. Etwas Schlechtes sieht sie nicht daran. Die Hochzeit wird verschoben, Vir hofft, dass sie sich ändern kann, und sie erklärt, dass einige dasselbe über ihn gesagt haben: dass er schon noch zu Sinnen kommen würde.

Die von Vir erschaffene Scheinidentität, mit der die Narn aus dem Centauri-Reich herausgebracht wurden, wird von

Ivanova übernommen. Das ist eine Möglichkeit, auch künftig Narn zu retten.

Hintergründe

Sic Transit Vir ist Latein und bedeutet »So geht Vir«. Es ist eine Variation der Phrase »Sic Transit Gloria Mundi«, die übersetzt »Und so vergeht der Ruhm der Welt« bedeutet. Im Lateinischen steht das Wort ›Vir‹ zudem für ›Mann‹. Man könnte den Titel darum auch als »So vergeht der Mann« übersetzen.

JMS war der Meinung, dass das Publikum eine Verschnaufpause gebrauchen könnte, einen Lacher. Als er mitten in der Nacht die Szene mit Londos Kampf gegen das Insekt schrieb, musste er selbst lachen, vielleicht vor Übermüdung, vielleicht auch nicht. Auf jeden Fall ist die Szene echtes Comedy-Gold, was unter anderem daran liegt, dass Peter Jurasik sie mit solch erstaunlicher Ernsthaftigkeit gespielt hat.

JMS war zudem von Shakespeare inspiriert, als er Lyndisty entwickelte. Wie sie sprach, wie sie sich gab, das alles hätte auch in einem Drama des Barden stattfinden können, ganz zu schweigen von der verwechselten Identität, weil jeder denkt, der Killer sei hinter Vir her.

Die Story war aber auch dafür da, Vir Cotto wieder zur Station zu bringen – permanent. Zuvor konnte JMS Stephen Furst nur bedingt einsetzen, weil jener auch eine Sitcom drehte, aber da diese sich als erfolglos erwies, hatte er wieder mehr Zeit für *Babylon 5*.

Kommentar

Die Folge sollte etwas leichtherziger sein. Ein verliebter Vir – oder zumindest etwas hinreichend Ähnliches. Das hat durchaus Potenzial, aber die Geschichte wirkt ein wenig überkonstruiert, bis hin zu dem Moment, da Sheridan und Ivanova Vir vor Londo zur Rede stellen. Das wirkt etwas uncharakteristisch. Man würde annehmen, dass sie zuerst alleine mit Vir reden würden. Dann hätten sie auch nichts kaputtgemacht. So jedoch hat ihr Handeln dazu geführt, dass Londo von Virs Tat – der Rettung von Narn-Leben – erfahren und veranlasst hat, dass er als Botschafter in Minbar abberufen wird. Hätten Sheridan und Ivanova anders gehandelt, wäre Vir auf Minbar für alle Beteiligten weit wertvoller gewesen.

Der wahre Grund ist natürlich, dass Stephen Furst nach seiner gefloppten Serie wieder für *Babylon 5* zur Verfügung stand und JMS einen Weg finden musste und wollte, um Vir Cotto wieder dauerhaft auf die Station zu bringen.

Dass nicht er, sondern seine Frau in spe das Ziel der Angriffe ist, kann man praktisch sofort erahnen. Stark ist dennoch die Szene, als Lyndisty den Narn gefangen genommen hat, damit Vir ihn töten kann – und sie ihm erzählt, was ihr Vater und sie auf der Heimatwelt der Narn gemacht haben. Ein Ausdünnen der Herde nennt sie es, mit dem Ziel, die aggressiveren Elemente des Volks zu töten, um so langfristig eine ›zahmere‹ Spezies zu erschaffen. Carmen Thomas spielt das hervorragend. Sie ist süß, ihr Umgarnen von Vir ist schön umgesetzt, aber hinter der Fassade der Schönheit verbirgt sich die Banalität des Bösen. Denn sie sieht ihr Handeln nicht als amoralisch an. Narn-Leben sind für sie nichts, eine minderwertige Spezies, die nur Ärger macht. Ob welche sterben oder nicht, hat keine Relevanz. Sie ist das absolute Gegenteil von Vir. Am Ende hängt die Heirat in der Schwebe; letztlich wurde nie etwas aus ihr. Das ist schade, denn man hätte gerne in einer künftigen Folge gesehen, wie es mit Vir und Lyndisty weitergeht und ob er recht behält mit seiner Hoffnung, dass sie sich ändern kann.

Die übrigen Handlungselemente sind ebenfalls hübsch, vor allem, wie sich Sheridan und Delenn nun näherkommen. Das ist die Liebe an Bord der Station, die funktioniert, während die von Vir und Lyndisty keine Zukunft hat.

Die witzigste Szene der Folge gehört aber Londo. Der kämpft in seinem Quartier gegen einen Käfer und wird immer drastischer in seinen Mitteln, bis er zum Schwert greift. Später taucht noch ein weiteres Insekt auf, dieses ist aber deutlich größer …

Das Skript

Im Skript sind einige Szenen länger; zwei sind dabei, die es in der Folge gar nicht gibt. Das Gespräch zwischen Vir und dem Centauri-Minister ist länger. Im Skript erklärt er noch, dass er hofft, bald ein Budget zu haben, damit Vir ein Stab zur Verfügung gestellt werden kann. Vir ist das nicht so wichtig. Er erklärt, dass bestens für ihn gesorgt sei.

Entfernt wurde dann eine Szene, die Lyndistys Ankunft im Zollbereich zeigt. Dabei wird sie von einem Narn beobachtet. Die Szene mit Sheridan und Delenn, als er sie zum Essen in seinem Quartier einlädt, ist länger. Er hat bemerkt, dass sie jeden Tag zur selben Zeit im Zocalo ist. Sie erklärt, dass sie dort gerne mit den Leuten spricht und erfährt, was sich in deren Leben so tut.

Sheridan: Actually I've seen you come here every day at this time for as long as I've been here.

Delenn: I come to listen, to speak with a few people, learn what's going on.

Danach gibt es eine Szene, die nur im Skript vorhanden ist. Vir trifft auf Ivanova und bittet um ein späteres privates Treffen, an dem Londo nicht teilnimmt. Er will ihr davon erzählen, dass er Narn aus dem Centauri-Reich herausgeschmuggelt hat, etwas, das sie später mit ihm diskutiert, nachdem sie selbst davon erfahren hat.

Vir: I was wondering if you had time for a meeting a little later today. I have some things I need to discuss with you.

Ivanova: Will Londo be there?

Vir: No, this is … something I need to talk about with you privately.

Ivanova: All right … 1400 hours?

Vir: That'll be fine. Thank you.

Später folgt das Gespräch, das im Skript ein wenig länger ist. Vir erzählt hier, wieso er Abrahamo Lincolni erfunden hat. Am Ende des Gesprächs äußert Ivanova den Verdacht, dass er ihr nicht alles sagt.

Ivanova: There's something you're not telling me.
Vir: I didn't know I was required to tell you everything. All I'm asking is that you not tell anyone else about this. No one's being harmed, Commander, only helped.

Das Abendessen bei Sheridan ist etwas länger. Delenn mag nicht, wie er sie beobachtet, was er tut, weil er wissen will, ob es ihr schmeckt. Sie reagiert mit einem Witz.

Delenn: No human captain has ever survived a food fight with a Minbari. Eat.

Nachdem Sheridan Ivanova von dem Angriff auf Vir erzählt hat, ruft sie Zack und trägt ihm auf, dass er herausfinden soll, was mit den Narn passiert ist, die auf Virs Anordnung die Narn-Heimatwelt verlassen haben. Er sagt, dass er dafür vielleicht ein paar Centauri-Sicherheitscodes brechen müsse, was sie autorisiert.

Ivanova: Listen, I was thinking about those travel papers that Vir processed. How many Narns used those papers to leave their homeworld?
Zack: About five hundred. Why?
Ivanova: Can you do a follow-up, find out where those Narns are right now?
Zack: Yeah, I think so. It'll take me a while … I'll probably have to break some of their security codes …
Ivanova: Do it. I'll cover you if they find out.

In einer entfernten Szene sieht man, wie ein Narn in Down-Below von jemandem etwas kauft. Er packt es dann aus – es ist eine Drazi-Klinge.

Das Gespräch in Londos Quartier über die 2.000 toten Narn ist im Skript länger. Londo lässt sich über tote Narn aus.

Londo: Be realistic, Commander. After the war two thousand dead Narns are a drop in the bucket. Or, perhaps, a Narn in a bucket. Actually, after the asteroids flattened their cities, you could probably get several Narns in a bucket, sideways, like …

Ivanova fragt Vir dann, wieso er ihr nicht alles erzählt hat. Seine Antwort: weil Centauri darauf trainiert sind, niemandem zu trauen.

Vir: Centauri are trained not to trust anyone else. I see now that I should have. I'm sorry.

Danach erklärt Ivanova, dass es dem Image der Centauri helfen könnte, wenn das publik würde. Aber Londo gefällt das gar nicht, er wiegelt ab.

Ivanova: Hell, it might even go a long way towards rehabilitating the Centauri in the eyes of the other governments.
Londo: We don't care how others see us. All that matters is how we see ourselves.

Die letzte längere Szene im Skript ist das Gespräch mit Vir und Lyndisty, als sie ihn im Garten findet und versucht, ihn zu trösten. Sie erzählt, was ihre Mutter ihr geraten hat, wenn ihr Mann ein solches Gesicht zieht.

Lyndisty: You're troubled. I can tell from your expression. My mother said that if I ever saw that expression on my husband's face, I should run and hide, or cook something altogether pleasant. But there's no place here to hide, and nothing much to cook. How very inconvenient.

Danach wird sie in ihrer Verachtung gegenüber den Narn noch deutllicher und nennt sie Parasiten.

Lyndisty: They're not really intelligent, you know. Spiritually, physically, they're little more than beasts of the field.

They're slow and once they get out into the general population, they become parasites.

Wertung von Kosh

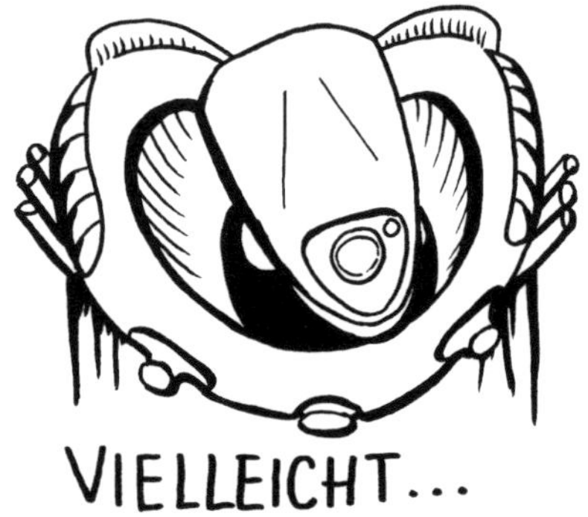

3.13
A Late Delivery from Avalon
(Schmerzen der Erinnerung)

US-Erstausstrahlung: 22. April 1996
Deutsche Erstausstrahlung: 15. Dezember 1996
Regie: Michael Vejar
Drehbuch: J. Michael Straczynski

Darsteller: Michael York (David ›Arthur‹ McIntyre), Michael Kagan (Emmett Farquaha)

Inhalt

Auf der Station kommt ein Mann an, der sich für Arthur – auch bekannt als König Artus – hält. Marcus nimmt sich seiner an, da er es durchaus für möglich hält, dass dies der echte Arthur ist. Immerhin ist bekannt, dass die Vorlonen Menschen aus ihrer Zeit gerissen und für einen späteren Einsatz konserviert haben. Franklin ist da weniger sicher und untersucht den Mann. Während Arthur zusammen mit G'Kar Räubern einen Bilderrahmen abnimmt, den sie einer armen, alten Frau gestohlen haben, findet Franklin heraus, wer Arthur wirklich ist. Sein Name ist David McIntyre, und er war auf dem Schiff stationiert, das den ersten Schuss gegen einen Minbari-Kreuzer abfeuerte und somit den Krieg auslöste. Er war auch beim Battle of the Line dabei, dem letzten Aufgebot der Menschheit, dem fast alle Verteidiger zum Opfer fielen.

Franklin will Arthur in die Realität zurückholen, scheitert aber. Der Mann wird katatonisch. Er kommt erst wieder zu sich, als Delenn als Lady of the Lake zu ihm kommt. David weiß wieder, wer er war, aber er bleibt dem Artus-Mythos treu und macht sich auf zu den Narn, die Hilfe gebrauchen können.

Derweil hat Garibaldi Probleme mit der Post, denn seit sich Babylon 5 unabhängig erklärt hat, sind die Gebühren immens gestiegen. Aber Garibaldi will das nicht bezahlen. Die Frage ist jedoch: Sitzt er am längeren Hebel als die Post? Sheridan und Ivanova entwickeln inzwischen ein Abkommen, das die Sicherheit der Station sichert, da Schiffe der Liga der blockfreien Welten zum Schutz abgestellt werden.

Hintergründe

Michael York war im Rennen, als es darum ging, John Sheridan zu besetzen. Der Schauspieler hatte damals signalisiert, dass er die Rolle auch übernommen hätte. Es kam nicht dazu, und Bruce Boxleitner wurde es. Aber JMS hielt Ausschau nach einer Rolle für York. Als er seine Notizen durchging, fand er den Satz über den Mann, der den ersten Schuss auf die Minbari abgefeuert hat und ein Trauma davontrug. Das konnte eine dankbare Rolle für York sein. JMS schrieb das Skript, und der Part wurde York offeriert, der auch annahm.

Die Artus-Legende ist für Michael York nichts Neues gewesen. Zuvor spielte er Merlin in *A Young Connecticut Yankee in King Arthur's Court (Mit Vollgas in die Tafelrunde,* 1995), später war er Artus in *A Knight in Camelot (Ein Ritter in*

Camelot, 1998). Vor allem aber hat er sich einen Platz im Pantheon des Kinos gesichert, weil er D'Artagnan in *Die drei Musketiere (The Three Musketeers,* 1973) und *Die vier Musketiere (The Four Musketeers,* 1973) gespielt hat.

Die Dreharbeiten von *A Late Delivery from Avalon* waren für York nicht gerade leicht – im wahrsten Sinn des Wortes. Denn die Kostümabteilung hatte das Kettenhemd, das Arthur trägt, nicht selbst gefertigt, sondern es von einer Firma bezogen, die darauf spezialisiert ist, Kostüme für Film- und Fernsehproduktionen herzustellen. Als das Kettenhemd ankam, zeigte sich: Es war authentisch, sprich: Es war extrem schwer, weil es aus echtem Metall gefertigt worden war. Damit musste York auch in Actionszenen performen. Weil es aber eben unheimlich schwer war, bot JMS an, dass York es nicht tragen müsse und man auf die Schnelle nach einer Alternative suchen würde. Aber York winkte ab. Es musste gehen, und es würde gehen, signalisierte er, und hatte damit auch recht. Er spielte in diesem schweren Kettenhemd, ohne dass er sich diese Bürde anmerken ließ.

Bei Cast und Crew kam York sehr gut an. Er war stets freundlich und zuvorkommend. Nur ›Macbeth‹ sollte man ihm gegenüber nicht erwähnen. Denn wie viele Schauspieler – besonders solche, die viel Zeit auf der Bühne verbracht haben – glaubt er an den Fluch von Macbeth. Der besagt, dass Übles passieren wird, wenn man den Namen des Stücks nennt. JMS schickte gerne den einen oder anderen Assistenten zu York, um ihn auf Macbeth anzusprechen. Was dann passierte, war das Ritual, mit dem man den Fluch brechen kann.

Derjenige, der das Wort gesagt hat, muss das Gebäude verlassen, es umrunden, sich dreimal um sich selbst drehen, über die linke Schulter spucken und entweder das schlimmste ihr/ihm bekannte Schimpfwort aussprechen, den Spruch »Angels and ministers of grace defend us!« aufsagen oder eine Zeile aus Shakespeares »Ein Sommernachtstraum« rezitieren. Danach musste man warten, bis man wieder in das Gebäude hineingebeten wurde.

Kommentar

Dies ist eine einigermaßen merkwürdige Folge, die an *Grail* aus der ersten Staffel erinnert. In beiden Fällen war ein großer britischer Schauspieler der Gaststar – damals David Warner als Gralssucher, jetzt Michael York als vermeintlicher König. Die Verbindung geht darüber hinaus. Artus ließ seine Ritter der Tafelrunde nach dem Heiligen Gral suchen, so wie es David Warners Figur Aldous Jahrhunderte später immer noch macht. In beiden Folgen ist es so, dass der Gaststar im Fokus steht. Er überschattet die Hauptfiguren. Viele kommen gar nicht erst vor, die anderen haben kaum etwas zu tun. Nur Marcus und Franklin, in geringerem Maß G'Kar, sind hier noch von Bedeutung. Der Unterschied zwischen York und Warner ist übrigens, dass der eine zwar unterhaltsam, aber auch völlig überzogen spielt, der andere aber ein wirklich großer Mime war.

Es ist immer problematisch, wenn eine Geschichte ganz und gar um den Gaststar herum aufgebaut wird. Dabei ist es nicht so, dass sie nicht gut wäre. Sie ist interessant gestaltet, weil sie auch davon erzählt, wie Schuld – egal, ob nun echt oder eingebildet – einen Menschen an den Abgrund führen kann, bis er sein Heil in einer Phantasiewelt sucht. Aber Arthur wird von seinen Erinnerungen heimgesucht, die er umdeutet – aus dem Minbari-Kreuzer wird so ein Schwert.

Es gibt zudem durchaus Humor, etwa dann, wenn G'Kar dem edlen Ritter zu Hilfe eilt und beide sich dann bei reichlich Alkohol im Nachgang über den Kampf unterhalten. Das ist vergnüglich umgesetzt, zumal man G'Kar hier einmal lokkerer als üblich erlebt.

Es gibt wenig offizielle Geschichten zu *Babylon 5,* weil es auch nicht viele Comics und Romane gibt, weswegen eine Sache nie Gestalt annahm. Man würde schon zu gerne wissen, wie es gewesen wäre, wenn Aldous und Arthur sich in den Weiten des Alls getroffen hätten.

Dies ist natürlich eine Füller-Episode, die für die große Handlung keinerlei Bedeutung hat. Abhängig davon, wie sehr man York mag oder es prickelnd findet, wenn klassische

Erzählungen Einzug in ein Sci-Fi-Setting, ist natürlich der Unterhaltungswert.

Die Nebenhandlung um Garibaldi ist amüsant, weil sie mit etwas spielt, das jeder in seinem eigenen Leben kennt: die Tücken der Bürokratie. Natürlich ist die Handlung überzogen, weil Garibaldi das Problem sicher schneller hätte lösen können, aber so macht sein verbaler Schlagabtausch mit dem Postbediensteten weit mehr Spaß.

Das Skript

Auf dem Weg vom Skript zur fertigen Folge gab es ganze zwölf Änderungen. Die erste Szene der Folge ist nur im Skript enthalten. Ein Transporter dockt an die Station an, nachdem ihm Ivanova versichert hat, dass die Minbari-Kriegsschiffe zu ihrem Schutz da sind.

Ivanova: I finally managed to convince them it's safe to dock. They're still getting used to the idea of Minbari warships actually protecting them, and us.

Sheridan: Can't say I blame them. It's taken me a while to get used to the idea myself.

Das Gespräch von Marcus und Franklin am Anfang darüber, dass das Leben unfair ist, ist etwas länger. Franklin bietet Marcus an, ihn zum Essen einzuladen.

Franklin: Listen, I'm going to get a bite to eat, then I have to meet some new alien doctors coming in from Llora. How about I buy you some lunch? You're looking a little thin yourself.

Nur im Skript vorhanden ist eine lange Sequenz mit Sheridan und Ivanova, die mit Londo reden. Er macht eine Bemerkung, dass ihre Uniformen ein wenig an die Minbari erinnern; sie wiederum wollen wissen, ob er auf der Station bleibt und ob seine Regierung Babylon 5 als unabhängigen Staat anerkennen wird. Londo erklärt, er wird bleiben, aber die Centauri werden die Unabhängigkeit von Babylon 5 nicht anerkennen, weil dies den jüngst geschlossenen Vertrag zwischen Erdallianz und Centauri-Imperium gefährden könnte. Das Gespräch findet in der Halle statt, in der sich der Rat von Babylon 5 regelmäßig getroffen hat.

Sheridan: Good afternoon, Ambassador.
Londo: Captain. Commander. It seems like years since we were here last. A shame the council broke up the way it did … everyone fighting everyone else.
Ivanova: Yes, I imagine you'd want the monopoly on that one.
Londo: Don't be so quick to judge me, Commander. You'd be surprised at what I do and don't want. I like the new look. The cut and style, they are vaguely Minbari, yes?
Sheridan: I think it's probably a little of everything. Which seems rather appropiate since the only way we're going to survive is by being a little of everything ourselves.
Ivanova: Which brings us to you.
Sheridan: We need to know where you and your government stand. Since we've broken away from Earth, will you remain here, or do they plan on recalling you back home?
Londo: I think there are many back home who would prefer it if I stayed here. And this remains a useful way station for trade, commerce, information … I am content where I am.
Sheridan: Alright. Second question, the more important of the two: will your government recognize Babylon 5 as an independent state?
Londo: And why does that matter to you? We have been, as you say, at the center of all this recent trouble.
Ivanova: Recognition doesn't imply approval of either side. But it'll help make things a little easier for us as we try to get this place back on line. It'll help facilitate the exchange of currency, trade goods, ships … it'd be a huge help to us.
Londo: You want recognition because you know it will cause friction between my government and Earth, possibly jeopardizing our recent treaty. And because you know that

those Minbari warships cannot stay there forever. The more governments recognize you, the safer you think you will be. There is no safety this side of the grave. My government will never recognize this place. No, I'm afraid you are very much on your own now. Good day.

Ivanova: Was that perfect or what?

Sheridan: Told you. Alright, send in the next one.

Kurz darauf folgt eine weitere Szene, die komplett entfernt wurde. Diesmal sprechen Sheridan und Ivanova mit G'Kar, der im Namen seines Volks Babylon 5 als unabhängiger Staat anerkennt und auch versuchen will, Schiffe zu finden, die zum Schutz beitragen können. Aber er weiß nicht, ob dies helfen wird und wie die Centauri reagieren. Sheridan erklärt, dass die Centauri nichts zu sagen haben, da sie die Unabhängigkeit von Babylon 5 nicht anerkennen.

Sheridan: … so we realize that, technically, because of the Narn surrender, you don't speak for your government back home. But you do speak for the Narns living here. So what I'd like to know …

G'Kar: Yes.

Sheridan: I haven't asked the question yet.

G'Kar: Will I, on behalf of my people here, recognize your independence?

Sheridan: Yes.

G'Kar: Yes.

Ivanova: In that case, we have a follow-up question we need to ask concerning …

G'Kar: Concerning the defense of this station, and ways in which we may contribute to that.

Sheridan: Not bad. Espionage or a good guess?

G'Kar: Simple logic. One or two Narn heavy cruisers and a scattering of our fighters survived the war. You know this, and you know I know this. I may be able to enlist their support from time to time, in exchange for repairs, food, other supplies. The Centauri, of course, will object to their presence.

Ivanova: They can only object if they choose to recognize us. If they don't, they have no grounds for complaining.
G'Kar: And will they?
Sheridan: We made it very clear to Ambassador Mollari that we really wanted his help, that we needed recognition by the Centauri.
G'Kar: But if the Centauri perceive weakness or need, they never give you what you want.
Ivanova: Exactly.

Bei dem Gespräch zwischen Marcus und Franklin, als der Ranger nicht davon erzählen will, was ›Terror‹ wirklich ist, erhält Franklin die Nachricht, dass ein Shuttle, auf das er gewartet hat, angedockt hat. Marcus begleitet ihn. Danach folgt eine entfernte Szene. Man sieht das Transportschiff, mit dem Arthur gekommen ist, die Station durch ein Jumpgate verlassen.
Die Untersuchung von Arthur durch Franklin geht im Skript etwas länger. Arthur erkundigt sich danach, wo Marcus ist. Franklin erklärt, dass der Ranger den Captain von Arthurs Ankunft informiert, damit ein formelles Willkommen arrangiert werden kann. Derartige Festivitäten mag Arthur jedoch nicht. Er erklärt, dass das Fest anlässlich seiner Krönung drei Tage andauerte.

Franklin: Marcus? He went to … inform the captain of your arrival. So they can arrange for suitable welcome ceremonies.
Arthur: I hate ceremonies. They're a distraction. When I accepted the crown of England at Carlisle, the feasting went on for three days. Archbishop Dubricius was so overwhelmed by it all that he gave up his post and went off to join a hermitage.

Der Dialog geht weiter wie in der Folge zu sehen; Arthur lässt sich dann aber auch noch über all jene aus, die er überlebt hat.

Arthur: I've been declared dead before, by enemies and allies alike, by barons lusting after my crown … by Mordred, who used that like to take England, and Guinevere. But they were wrong then, and they are wrong now. Where Mordred and le Fay and Percival are dead … Arthur Lives.

Bevor G'Kar sich dann Arthur im Kampf anschließt, wird er von dem Händler, von dem er gerade gekauft hat, gewarnt, sich nicht einzumischen, weil er sonst vielleicht auch erklären müsste, was er in DownBelow macht.

Das gemeinsame Trinken in der Bar ist dann etwas länger. Nachdem Arthur den Narn zum Ritter geschlagen hat, fragt G'Kar, in welchem Sternensystem England liegt.

G'Kar: I'm not sure which is more intoxicating; this drink or your words. You have quite a way about you.

Arthur: Of course. I am Arthur, son of Uther Pendragon, King of England.

G'Kar: Which star system is that in?

Danach gibt es eine entfernte Szene, in der Marcus mit jemanden von DownBelow spricht, mit dem Arthur und G'Kar zuvor gekämpft haben. Er will wissen, wo Arthur ist, und der Mann sagt ihm alles, was er weiß.

In Skript und Episode ist eine Szene anders – die, in der G'Kar Arthur fragt, ob er in Ordnung ist, nachdem dieser von einer Erinnerung geplagt wurde. Im Skript sagt er, dass es nur ein Traum ist, der von Morgana geschickt wurde, um ihn zu quälen. In der Folge beschreibt Arthur die Schlacht von Camlan, die aus einem Missverständnis heraus begann.

Die letzte Szene, die es nur im Skript gibt, ist im Epilog, als ein Kriegsschiff der Drazi erscheint, um Babylon 5 zu schützen. Sheridan und Ivanova reden darüber, dass die Situation sich langsam zu normalisieren beginnt.

Ivanova: It's a Drazi warbird all right.

Sheridan: Well, that's the first. When we get a few more on

board, we can start rotating the Minbari cruisers out one at a time. Who knows, we may finally get back into a routine one of these days.

Ivanova: From your mouth to god's ears.

Sheridan: So, who's the first up on the departure list?

Ivanova: A Llort cruiser heading into Centauri space … with one brief drop-off on the edge of Narn space.

Wertung von Kosh

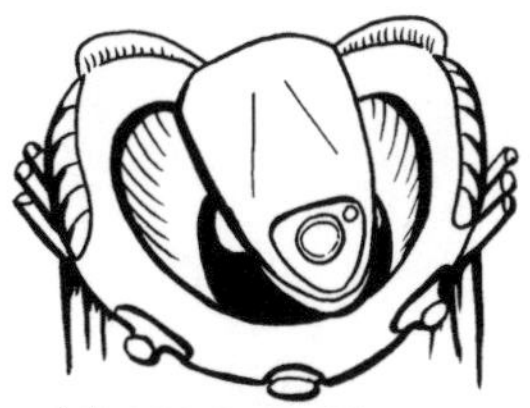

3.14
Ship of Tears
(Der Feind meines Feindes)

US-Erstausstrahlung: 29. April 1996
Deutsche Erstausstrahlung: 22. Dezember 1996
Regie: Michael Vejar
Drehbuch: J. Michael Straczynski

Darsteller: Joan McMurtrey (Carolyn), Diana Morgan (Alison Higgins), Walter Koenig (Alfred Bester)

Inhalt

Bester fliegt mit einer Starfury zur Station, wird aber von Sheridan und anderen abgefangen. Man bringt ihn auf die Station, wo Ivanova ihm auf den Zahn fühlen soll, da sie als latente Telepathin zumindest erkennen würde, wenn er versuchen würde, sie zu scannen. Aber das hat er nicht vor. Er ist hier, weil sie einen gemeinsamen Feind haben: die Schatten. Nach diesem ersten Gespräch erklärt Bester Sheridan und den anderen, dass ein Transport stattfindet, der Waffensysteme für den Feind geladen hat und von mehreren Jägern begleitet wird. Man muss ihn abfangen, aber der Transporter darf nicht vernichtet werden. Mit der White Star und mit Besters Hilfe werden der Transporter aufgespürt und seine Begleitschiffe vernichtet. Ein Schattenschiff taucht auf, zieht sich aber zurück.

Auf der Station wird klar, dass der Transporter etwa 100 Telepathen in Schlafkammern geladen hatte. Ihnen wurden kybernetische Elemente eingesetzt, die weit über Erdtechnologie hinausgehen. Eine von ihnen wird geweckt, verbindet sich dann mit Teilen der Station und greift Bester an, als sie das Psi-Corps-Abzeichen sieht. Es wird klar, dass die Schatten die Telepathen nutzen wollten, um als Betriebssystem für ihre Schiffe zu dienen. Garibaldi hat das Buch von G'Quan gelesen und versteht, was vor sich geht. Dort wird berichtet, dass vor 1.000 Jahren die Schatten eine Basis auf Narn hatten und die Gedankenwandler vernichteten – Telepathen. Darum wollen die Schatten jetzt Telepathen für ihre Schiffe, weil sie sich damit vor einem telepathischen Angriff schützen können. Das heißt aber auch, dass es endlich eine Waffe gegen die Schatten gibt, die nicht länger im Verborgenen agieren, sondern offen eine Welt angegriffen haben.

Hintergründe

Die Folge trägt den Titel Ship of Tears, weil es um die erzwungene Umsiedlung von Telepathen geht – wenn man das so salopp ausdrücken will. JMS verweit damit auf den ›Trail of Tears‹, als die US-Regierung im 19. Jahrhundert die Umsiedelung amerikanischer Ureinwohner erzwang – ein Prozess, der als ›Zug der Tränen‹ bekannt wurde.

Die Rückkehr von Bester ist etwas unerwartet – hier bekommt er aber sogar endlich offiziell seinen Vornamen, als die Telepathin ihn erkennt. Mit der Loslösung von der Erde hätte Bester theoretisch nicht mehr zur Station kommen können. Jetzt ist er aber da, und JMS nutzt das, um ihn zu vermenschlichen. Er zeigt, dass Bester auch lieben kann, dass er bereit ist, für die Liebe alles zu tun. Man versteht ihn ein bisschen besser. Zugleich ändert das nichts daran, dass man ihn verabscheut und gerne sieht, wenn ihm jemand ins Gesicht schlägt, wie Ivanova es hier tut.

Sehr schön sind die Szenen auf der White Star. Sheridans Sessel ist in der Mitte, so wie es bei den Raumschiffen in *Star Trek* auch immer war. JMS fiel ein, dass er sich nicht erinnern konnte, dass Chekov jemals in der klassischen Serie auf dem Captain-Stuhl Platz genommen hätte – im Kino tat er das in *Star Trek V: The Final Frontier (Star Trek V: Am Rande des Universums,* 1989) aber schon. Auf jeden Fall wusste Walter Koenig die Gelegenheit zu schätzen, auf der White Star im Sessel des Captains zu sitzen, wenn auch nur für einen kurzen Moment. Während der Dreharbeiten soll Koenig in den Pausen sehr gerne auf diesem Sessel Platz genommen haben.

Mit dieser Folge werden auch die neuen Starfuries eingeführt. Es sind Starfuries des so genannten Thunderbolt-Designs. Als die ursprünglichen Starfuries entwickelt wurden, war es wichtig, dass sie in ihrem Bewegungsmodus sehr realistisch sein sollten. Sie waren explizit dafür entwickelt, dass sie im Weltall überzeugend agieren würden. Aber diese Schiffe hätten nie in einer Atmosphäre funktioniert. Da das aber im Verlauf der Serie vonnöten ist, wurde mit *Ship of Tears* auch ein neuer Typ Starfury eingeführt, mit dem ein Manövrieren innerhalb einer Planetenatmosphäre möglich ist.

Kommentar

Bester als Verbündeter – das hätte man nun nicht erwartet. Allerdings ist nicht nur Ivanova klar, dass Bester nur so lange mit Sheridan und Co. paktieren wird, wie es seinen Zielen förderlich ist. Wie diese Ziele aussehen, erklärt er Ivanova. Er sieht die Telepathen als den nächsten Schritt der Evolution und träumt von einer Zukunft, in der es immer mehr werden und sie an der Spitze der Nahrungskette stehen, ein Traum, der letztlich zum Telepathen-Krieg führen wird.

Walter Koenig ist einfach großartig. Er spielt Bester mit absoluter Finesse. Die pointierten Dialoge trägt er mit ganz viel Esprit vor. Überhaupt: Eine Figur, die zu hassen man liebt, noch dazu, weil sie so schön vielschichtig ist. Schließlich gesteht Bester hier, dass eine der Frauen an Bord des Transporters die einzige Liebe ist, die er je gekannt hat. Das sind starke Charaktermomente, die Koenig hier abliefert.

Mit dieser Folge tritt der Schattenkrieg in die nächste Stufe ein. Denn nicht nur agieren die Schatten nun im Offenen, nein, es gibt auch endlich eine Waffe gegen sie. Aber es ist eine, die die Menschen zwingt, mit den Telepathen gemeinsame Sache zu machen. Insbesondere auf Babylon 5 ist das kein angenehmer Gedanke. *Ship of Tears* ist eine wichtige Folge für die Serie, die Nachwirkungen mit sich bringt, die bis zur fünften Staffel spürbar sind.

Wichtig ist auch, dass G'Kar nun ein Teil der Allianz wird, die von Sheridan geschmiedet wurde. Er wird in den Kriegsrat eingeladen, aber zuvor muss Delenn ihm noch beichten, dass sie schon lange von den Schatten wussten, seinem Volk aber nicht helfen konnten. Das ist eine mächtige Szene mit zwei großen Schauspielern. Der Schmerz in Delenns Gesicht, die Scham in ihrer Stimme, und die unterdrückte Wut in G'Kar – das ist ganz, ganz großes Schauspiel.

Sehr schön ist auch der Anfang der Folge, als Franklin noch hofft, dass der Neustart von ISN ein gutes Zeichen ist. Aber die Hoffnung verfliegt schnell, als klar wird, dass hier nur noch regimetreue Propaganda gesendet wird.

Die kurzen Momente, wenn die Telepathin sich daran erinnert, was mit ihr gemacht wurde, sind so gestaltet, wie das bei Erzählungen von Entführungen durch Außerirdische immer beschrieben wird. Man befindet sich auf einem OP-Stuhl oder Tisch, über einem sind Außerirdische mit gruseligen Instrumenten. Die Zener, wie die Wissenschaftler der Schatten heißen, sind zudem Außerirdische, die ein bisschen Ähnlichkeit mit den Grauen haben, die bei solchen Entführungsszenarios eigentlich immer beschrieben werden.

Das Skript

Neun veränderte, erweiterte oder gänzlich entfallene Szenen sind im Skript vorhanden. Das Gespräch zwischen Ivanova und Bester ist etwas länger. Als er sagt, dass der Feind meines Feindes mein Freund ist, erklärt er noch, dass er nur das Beste für die Erde will. Ivanova winkt ab.

Bester: So I came here for the good of everyone, to help Earth and all of you.
Ivanova: Please. I'm many things, but stupid isn't one of them. If you want to get out of here, I suggest a radically different approach. The truth.

Danach folgt eine entfallene Szene. Bester wartet auf einen Sicherheitsmann, der ihn abholt, während Ivanova Sheridan berichtet, dass er nicht versucht hat, sie zu scannen, obwohl sie ihn provoziert hat. Sheridan ist bereit, Bester anzuhören, macht aber auch klar, dass er ihm nicht traut.

Sheridan: Did he try to scan you?
Ivanova: No. And I did everything I could to provoke him. Whatever brought him here, it's real enough to make him behave.
Sheridan: Then let's hear what he has to say. But stay alert, just in case. I still don't trust him.

Das nachfolgende Gespräch ist etwas länger. Garibaldi fragt Bester, welche Art von Waffen der Transporter geladen hat, aber der Psi-Cop kann das nicht beantworten. Gleich darauf ruft Ivanova Lennier, da sie ihn bittet, zur White Star zu kommen. Er hat eigentlich keine Zeit, Delenn schickt ihn aber los. Nachdem er geht, öffnet sich die Tür. G'Kar ist da.

Lennier: I … think I may be needed here …
Delenn: No, it's all right, Lennier. You should go.
Lennier: You're sure?
Delenn: I would not have said it otherwise.

Das Gespräch, in dem es um die Telepathen geht, die in dem Transporter gefunden wurden, ist im Skript minimal länger. Franklin erklärt, dass es schon ein erstaunlicher Zufall ist, dass Bester hier ist und es um Telepathen geht.

Franklin: Bester shows up, gets us going, and we end up rescuing a cargo that just happens to consist of telepaths. What an amazing coincidence.

Das Gespräch, in dem Bester erzählt, wer die aufgeweckte Telepathin ist, enthält einen Moment, der länger ist. Bester erklärt, sie sei zur Umerziehung in ein Lager auf dem Mars gebracht worden. Sheridan fragt nach, ob dieses nahe Syria Planum ist, was er eigentlich gar nicht wissen dürfte.

Sheridan: This facility wouldn't by any chance be located near Syria Planum, would it?
Bester: Yes, as a matter of fact, it is. It's also supposed to be top secret. How'd you find out about it?
Sheridan: I get around. I'm the captain. Work it out.

Die Szene endet damit, dass Bester verlangt, sie zu sehen, Sheridan aber verweigert, sie zu wecken, solange der Psi-Cop nicht erklärt, warum er sie sehen will. Danach kommt die Szene, als sie die mit dem Medlab verschmolzene Carolyn finden. Im Skript ist Sheridan dabei, in der Folge hat Garibaldi seinen Part übernommen. Eine kleine Dialogänderung gibt es auch. Carolyn nennt Bester ›Al‹, in der Folge ist es ›Alfred‹.
Etwas länger ist der Moment, nachdem Carolyn auf Bester geschossen hat. Es gibt einen kurzen Dialog von Franklin, der Carolyn helfen will. Im Epilog, nachdem Ivanova gesagt hat, dass Bester sich wieder gegen sie stellen wird, fragt Sheridan, wo Garibaldi ist. Ivanova erklärt, dass sie ihm alles über den White-Star-Trip erzählte, als er plötzlich weggerannt sei.

Wertung von Kosh

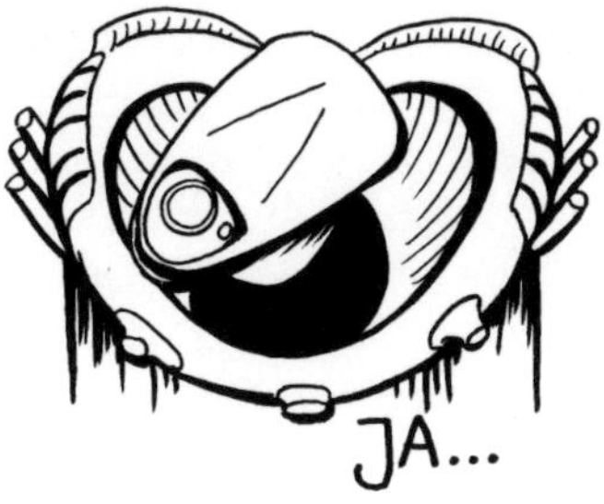

3.15
Interludes and Examinations
(Zeit des Abschieds)

US-Erstausstrahlung: 6. Mai 1996
Deutsche Erstausstrahlung: 29. Dezember 1996
Regie: Jesús Salvador Treviño
Drehbuch: J. Michael Straczynski

Darsteller: Jennifer Balgobin (Dr. Lilian Hobbs), Rance Howard (David Sheridan), Ed Wasser (Mr. Morden), Ardwright Chamberlain (Kosh)

Inhalt

Dr. Franklin wird immer fahriger – beinahe hätte er den Tod eines Patienten verursacht. Garibaldi versucht, mit ihm über seine Stim-Abhängigkeit zu reden, aber Franklin speist ihn harsch ab. Da das medizinische Personal regelmäßig Blutproben abgeben muss, will Garibaldi die von Franklin überprüfen, tut es dann aber nicht. Franklin hat sein Blut selbst getestet, weil er in dem Irrglauben war, so zeigen zu können, dass er abhängig ist. Aber nun muss er erkennen, dass er ein Suchtproblem hat. Er entscheidet, seinen Posten abzugeben.

Londo erwartet die Ankunft von Adira. Zuvor wird er von Mr. Morden aufgesucht, dem missfällt, wie sich der Centauri in die Angelegenheiten seiner Teilhaber eingemischt hat. Mollari winkt ab und will Adira abholen, aber sie kommt tot an. Jemand hat sie vergiftet. Londo ist sicher, dass es Lord Refa war, und Morden bestätigt ihn in diesem Glauben. Damit gewinnt Morden Londo wieder für die Schatten.

Derweil versucht Sheridan, die Völker der Liga der blockfreien Welten dazu zu bringen, eine Allianz zu bilden, da die Schatten sie nun alle verraten und nach und nach angreifen. Aber diese fordern von Sheridan einen Beweis, dass er über dieselbe Kampfkraft wie die Schatten verfügt. Darum bittet er Kosh um Hilfe. Eine Vorlonenflotte soll einige Schattenschiffe vernichten. Der Botschafter lehnt ab, aber Sheridan besteht darauf. Kosh warnt ihn, dass dies einen hohen Preis kosten wird und er nicht da sein wird, um ihm zu helfen, wenn er nach Z'ha'dum geht. Die Vorlonen vernichten wenig später einige Schattenschiffe, aber die Schatten greifen daraufhin Kosh an und töten ihn. Sheridan versteht, was Kosh ihm zu sagen versucht hat.

Hintergründe

Lange war JMS unsicher, ob Koshs Todesszene funktionierte. Denn man sieht nicht, wie er stirbt, nur im Nachgang den zerstörten Helm seines Anzugs. Darum brachte JMS die Folge auch zu einer Convention. So etwas tat er selten, diesmal jedoch schon, weil er sehen wollte, wie die entsprechende Szene ankommt. Das hätte ihm nämlich erlaubt, noch Änderungen vorzunehmen, wenn der Tod von Kosh nicht die emotionale Reaktion ausgelöst hätte, auf die er abgezielt hatte.

Letztlich musste er sich keine Sorgen machen. Die Szene funktioniert hervorragend. Das Ende von Kosh wiederum begrüßten die meisten Mitglieder der Crew, weil der riesige Anzug immer nur Probleme machte. Kosh konnte nicht durch Türen gehen und stieß ständig irgendwo an. Nach der letzten Szene wurde JMS gefragt, ob der Anzug noch gebraucht würde. Er verneinte. Das Nächste, was er hörte, war ein Auto, das mit hoher Geschwindigkeit draußen vor seinem Bürofenster vorbeifuhr und den Kosh-Anzug hinter sich herzog, während die Crew das Ganze johlend und applaudierend beobachtete.

JMS war zu diesem Zeitpunkt noch nicht klar, dass sie schon bald einen neuen Anzug bauen mussten – für die Rückkehr von Kosh bzw. eines Koshs. Aber zumindest ergab sich so die Gelegenheit, dem neuen Anzug einen anderen Anstrich zu verpassen.

Bruce Boxleitner spielt hier in einer Szene, die er auf Cons immer wieder als eine seiner liebsten bezeichnete, weil sie auch herausfordernd war. Es ist die Szene, in der er wütend auf Kosh wird und dieser reagiert, allerdings agiert Kosh nicht. Alles, was Kosh macht – Sheridan an die Wand zu schlagen und ihn zu würgen – musste Boxleitner spielen. Das ist einer der Momente, in denen er besonders glänzen kann. Sehr gut ist Boxleitner immer; die ganz saftigen schauspielerischen Kabinettstückchen gingen aber meist an Peter Jurasik und Andreas Katsulas. In *Interludes and Examinations* zeigt Boxleitner, dass er in derselben Liga spielt.

Kommentar

Drei Geschichten passieren hier zeitgleich – man könnte sagen, es ist eine Art Bestandsaufnahme, aber zugleich auch mehr. Denn jede dieser Geschichten verändert den Status Quo. Franklin zieht sich von seinem Job zurück, Londo wird in den Wirkungsbereich der Schatten zurückgeholt, und eine Allianz wird geformt, ganz zu schweigen vom Tod des Vorlonen. Die Szene, als er Sheridan erklärt, dass ein Preis zu zahlen sei, ist exzellent geschrieben. Denn wie Sheridan versteht man Kosh als Zuschauer zunächst falsch, interpretiert sein Verhalten als eine Art Drohung oder Bestrafung. Dabei ist es nur Ausdruck echter Angst, denn auch ein Wesen, das so lange gelebt hat wie Kosh, möchte nicht sterben. Aber es gibt eben diesen Preis, der gezahlt werden muss.

Damit geht die Rückkehr von Morden einher. Sein Treffen mit Vir Cotto ist herrlich; die Art, wie er Londo manipuliert, erscheint jedoch etwas plump. Das ist die einzige Schwäche an *Interludes and Examinations,* denn ein Mann vom Format eines Londo Mollari sollte besser erkennen, wenn er wie eine Marionette an Fäden herumgeführt wird. Wieso sollte Lord

Refa sich auf diese Art rächen, mit Gift, das den Verdacht auf ihn lenkt, da – wie wir von Londo wissen – die Centauri gerne auf Gift zurückgreifen? Was hätte Refa zu gewinnen, außer einem Feind, der nach Rache dürstet? Aber was hat Morden zu gewinnen, wenn er den Verdacht auf Refa lenkt? Alles, wie man hier sieht. Insofern hätte dieser Plot etwas filigraner gestaltet werden müssen. Er verläuft viel zu simpel.

Die Taktik der Schatten zeigt sich jetzt hier. Indem sie die Völker der blockfreien Welten ermutigten, gegeneinander Krieg zu führen, haben diese ihre Wehr-Ressourcen deutlich aufgebraucht. Ohnehin sind die Schatten technologisch überlegen, nun gibt es aber kaum noch Gegenwehr. Darum hat Londo in der Heimat interveniert, damit die Grenzkriege mit kleineren Nachbarn enden, weil auch die Centauri sich verschleißen und so eine Flanke für die Schatten öffnen. Am Ende ist Londo fast alles egal – er will Rache, und er fordert die Sicherheit seines Volks. Der Rest der Galaxie kann brennen.

Interludes and Examinations ist eine wichtige Folge – sowohl im Kleinen als auch im Großen. Figuren treffen schicksalhafte Entscheidungen, die Konsequenzen werden spürbarer, der Krieg tritt in die heiße Phase ein.

Das Skript

Ganze fünf Szenen gibt es im Skript, die in der Folge nicht dabei sind, zwei andere sind im Drehbuch länger. Nachdem Morden einen Sicherheitsmann bestochen hat, sieht man G'Kar mit Garibaldi, während Ivanovas Voice-Over weitergeht und sie davon spricht, wie dankbar sie den Narn sind.

Ivanova: And G'Kar … I never thought I'd say this, but I don't know where we'd be right now without G'Kar an the rest of the Narns to help out.

Die nächste entfallene Szene ist weitaus prägnanter. Ein Ranger berichtet Delenn. Danach geht er und sieht dabei Morden, den er sofort wiedererkennt. Der Ranger folgt

Morden, aber dieser hat das bemerkt. Morden sagt, dass er gehofft hatte, eine Weile nicht erkannt zu werden. Dass der Ranger ihn erkannt hat, wird diesen das Leben kosten. Die Schatten tauchen auf, und man hört einen Schrei, der abrupt abgeschnitten wird.

Ranger: I wish the news were better, Delenn, but with the war spreading, it seems like the only information we bring these days is bad news.

Delenn: But instructive. It may save lives, and that is all that matters. Have a good flight back to Minbar. I will tell Marcus you asked about him when he returns.

Dann geht der Ranger und sieht Morden.

Ranger: Morden …?

Morden: I was hoping to spend some time here unnoticed. Just goes to show you, you can't have everything. I can't have my privacy … and you can't have your life anymore.

Die Szene mit Londo und Morden ist länger. Als Morden erklärt, seine Teilhaber brauchen ein Auge und eine Stimme am königlichen Hof der Centauri, empfiehlt Londo das Eröffnen einer Botschaft. Morden nennt Londo einen Narren, aber der entgegnet nur, es sei närrisch gewesen, zu glauben, dass die Größe und die Glorie des Centauri-Imperiums durch jemand anderen gesichert werden könnte.

Londo: Fine, open up an embassy, we'll have lunch next time I'm back home. Meanwhile my people will have nothing more to do with you.

Morden: You're being a fool.

Londo: True, I was a fool. A fool for listening to you, for trusting you, for thinking we could achieve our destiny by proxy, and do penance for our failures by way of someone else. But I'm much better now. Thank you for asking.

Die Szene mit Garibaldi und Dr. Hobbs ist länger, als er ihre Hilfe will, sie aber sie ablehnt, da sie von den Regularien gebunden ist.

Dr. Hobbs: What you're asking is a complete violation of EMA rules.
Garibaldi: We're a long way from Earth, Lillian. Sometimes that means changing the rules.

Es gibt noch einen Unterschied vom Drehbuch zur fertigen Folge. In der Folge heißt die Frau Dr. Hobbs, im Skript ist sie Dr. Hibbs. Danach folgt eine entfernte Szene. Im C&C erkundigt sich Garibaldi bei Ivanova, wann das Medlab für die Back-up-Erstellung offline geht. Ivanova antwortet, will aber auch wissen, wieso er fragt. Er sagt etwas davon, dass die Sicherheit ein Auge auf das Medlab werfen sollte, da es gefährdet sein könnte. Sie meint nur, dass sie weiß, dass er lügt.

Garibaldi: No … no problem. Just thinking. Now that we're cut off from Earth, the medical facilities are possible targets. Might be worth having a regular patrol swing by there when it's down, just to keep an eye on the place when no one's around.
Ivanova: I agree. Good idea. Now, is there a problem?
Garibaldi: I just told you …
Ivanova: Michael, I've known you for three years. Whenever there's a question you don't want to answer, or when you … fib … you shove your hands in your pockets, look somewhere else, and rock back on your heels when you talk. Like you did just now. So, do you want me to repeat the question, or do you think you can remember it from the last two times?
Garibaldi: I'll let you know … when I know. Thanks for the info.

Das Gespräch zwischen Kosh und Sheridan beginnt anders. Es gibt zwei Szenen, die im Skript sind, als Sheridan mit

Kosh spricht und dieser ihn daran erinnert, dass er seine Lektionen nicht mehr wahrgenommen hat. Aber Sheridan erklärt, dass er keine Zeit hatte.

Sheridan: Ambassador … Ambassador Kosh … I wanted to talk to you … I think I know how to galvanize the other races, get them to sign on against the shadows. But I'll need your help.
Kosh: You have not continued your lessons.
Sheridan: I … no, I haven't. I've been a little busy lately.

Die letzte entfallene Szene der Folge findet im Epilog statt. Morden verlässt die Station und wird von dem nervösen Sicherheitsmann begleitet, den er zuvor geschmiert hat. Er sagt ihm, dass er bald wiederkommt.

Morden: See you again soon.

Wertung von Kosh

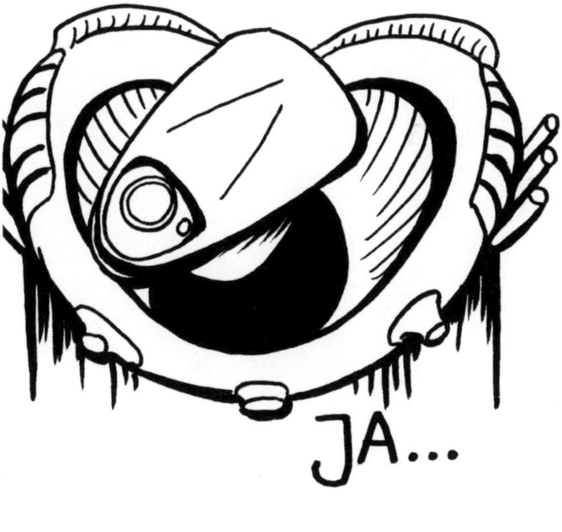

3.16
War Without End, Part One
(Ranger 1)

US-Erstausstrahlung: 13. Mai 1996
Deutsche Erstausstrahlung: 5. Januar 1997
Regie: Michael Vejar
Drehbuch: J. Michael Straczynski

Darsteller: Tim Choate (Zathras), Time Winters (Ratheen), Michael O'Hare (Botschafter Jeffrey Sinclair), Josh Coxx (Lt. David Corwin), Eric Zivot (Spragg), Jeffrey Ardwright (Ulkesh)

Inhalt

Jeffrey Sinclair erhält auf Minbar eine Botschaft aus der Vergangenheit. Auch Delenn erhält eine solche. Sinclair fliegt zur Station, während Garibaldi mit einer Starfury zum Sektor 14 fliegt, weil von dort eine Übertragung aus der Zukunft kam, die von der Zerstörung von Babylon 5 berichtet. Nach Sinclairs Ankunft beschwört Delenn Sheridan, dass die anderen und er zur White Star kommen sollen und dass sie unverzüglich starten müssen. Dort erzählt sie, dass der Krieg gegen die Schatten vor einem Jahrtausend fast verloren wurde, weil den Mächten des Lichts eine Basis fehlte – doch da erschien Babylon 4. Delenn hat zudem eine Aufzeichnung, die zeigt, wie die White Star verhindert, dass die Station mit einer Bombe zerstört wird. Das war wiederum vor sechs Jahren, geschieht für sie alle aber nun erst.

Das heißt jedoch auch, dass sie in die Vergangenheit reisen müssen. Sheridan schickt Garibaldi zur Station zurück, während Zathras alle mit einem Gerät ausstattet, das verhindert, dass sie durch Zeit und Raum gerissen werden. Die Mission gelingt, die Bombe kann vernichtet werden, aber Sheridans Vorrichtung wird zerstört, und er verschwindet. Er taucht in der Zukunft im Thronsaal eines verheerten Centauri Prime auf. Londo ist Imperator und macht Sheridan für all das verantwortlich.

Hintergründe

JMS hatte Michael O'Hare versprochen, dass sie sich wiedersehen würden, dass Sinclair zurückkehren würde, wenn die Zeit reif war und wenn O'Hare sich dazu in der Lage fühlte. Als er begann, die Geschichte zu schreiben, rief er O'Hare an und fragte ihn, ob er sich bereit fühlte, in wenigen Wochen ein letztes Mal zu *Babylon 5* zurückzukehren. Er tat es, zumal JMS ihm hier eine Geschichte bot, in der Sinclair ein letztes Mal richtig glänzen konnte. Sinclair ist der Fokus dieses Zweiteilers, auch Bruce Boxleitner tritt in die zweite Reihe zurück. Das hätte nicht jeder Schauspieler einfach so getan, aber Boxleitner hat nicht das Ego, das sagt, alles müsse sich immer nur um ihn drehen. Er trat einen Schritt zurück, damit O'Hare leuchten konnte.

Beide freundeten sich während des Drehs miteinander an. Sie sind beide gebürtig aus Chicago und wissen, wie es ist, der Hauptdarsteller von *Babylon 5* zu sein. Dass sich beide gut verstanden, half auch der Beziehung von Sheridan und Sinclair, denn die beiden kennen sich. Das wird in dem Roman *To Dream in the City of Sorrows* erzählt. Sheridan hat Sinclair bei den Mars-Aufständen vor einem Mob gerettet. Jahre zuvor an der Earthforce-Academy waren sie einander erstmalig begegnet. Nach der Rettung gehen beide in eine Bar und lernen sich besser kennen – werden sogar Freunde. Geschrieben wurde der Roman von Kathryn M. Drennan, die mit JMS verheiratet war und in der ersten Staffel auch eine Folge geschrieben hat.

Für JMS war die Herausforderung, eine Geschichte zu schreiben, die zu dem passte, was in *Babylon Squared* erzählt wurde. Denn natürlich hatte sich vieles verändert, nicht nur, dass Sinclair nicht mehr die Hauptfigur war. Bei der technischen Umsetzung musste man einen Schritt zurückgehen. In den zwei Jahren zuvor hatte es einige Verbesserungen an den Sets und ihrer Ausleuchtung gegeben. Damit das neue Material aber zur alten Folge passte, musste das rückgängig gemacht werden.

Eigentlich wollte JMS in dieser Folge Draal benutzen, aber John Schuck konnte aus terminlichen Gründen nicht mitmachen. Die Szene, in der Delenn reichlich Exposition über Babylon 4 liefert, hätte eigentlich zusammen mit Draal stattfinden sollen. Delenn und Draal hätten sich hier den Ball immer wieder zuspielen können; nun musste Mira Furlan die Szene jedoch alleine meistern. Keine leichte Aufgabe, denn es gehört zu den undankbarsten Aufgaben der Schauspielerei, Exposition zum Besten zu geben.

Mit Draals Wegfall bekam Zathras mehr zu tun. Zugleich feilte JMS bis zuletzt an der Struktur der Geschichte. Szenen mussten weichen, weil die Folge sonst zu lang geworden wäre, das Ende wurde ebenfalls verändert. Ursprünglich hätte es mit Sheridan auf Centauri Prime enden sollen; JMS wirkte das aber zu abrupt. So brachte er Material des ersten Akts des zweiten Teils an das Ende der ersten Folge, was dann aber hieß, dass er beim zweiten Teil einiges ändern musste, da die Folge sonst wiederum zu kurz gewesen wäre.

Amüsant ist übrigens, dass Michael O'Hare mit seiner Ranger-Kleidung die Treppen im Kriegsraum nicht heruntergehen konnte. Oder anders gesagt: Er konnte schon, aber dafür musste er den Umhang wie ein Kleid hochziehen, was doch ein bisschen albern ausgesehen hätte für Ranger One. Ein weiteres Problem, das JMS lösen musste: In *Babylon Squared* sieht man in der Zukunft, wer in dem Raumanzug steckt – ein alter Sinclair. Dem musste er hier Rechnung tragen, sodass er in dem Zweiteiler einen Effekt der Zeitverzerrung einbaute, der Sinclair etwas altern lässt.

Im Teaser gibt es übrigens noch einen weiteren Vorlonen zu sehen – Ulkesh. Er ist gegenüber dem Minbari Ratheen so mysteriös, wie die Vorlonen nun einmal immer sind.

Kommentar

Die Rückkehr von Michael O'Hare ist großartig – und bittersüß, denn der Zweiteiler War Without End bedeutet auch den Abschied von O'Hare und Jeffrey Sinclair. Aber es ist schön, dass JMS für den geplagten Schauspieler einen schönen Abschied bereithalten konnte. Im ersten Teil ist das alles natürlich noch unklar. Man fragt sich, wie das alles zusammenspielt, weil man versucht, die Ereignisse dieser Folge mit denen von *Babylon Squared* aus der ersten Staffel in Einklang zu bringen. Es ist ein Beleg für JMS' Talent, dass er diese Geschichte so präsentiert – obwohl er bei der ersten Staffel noch davon ausgehen musste, dass O'Hare sein Hauptdarsteller für fünf Jahre bleiben würde. Mit diesem Zweiteiler trägt er dem Rechnung und zeigt sehr gut, wie er seine Geschichte gestaltet hat, nämlich so, dass sich immer die Möglichkeit ergibt, etwas zu ändern, wenn es nötig ist.

Die Nachricht, die Sinclair für Garibaldi aufgenommen hat, ist auch so etwas wie ein Abschied vom Publikum – eine letzte Ansprache, die verklausuliert erklärt, wieso er nicht mehr hierbleiben kann. Ein kleiner, aber wichtiger Moment.

Sheridan verschlägt es in die Zukunft, in der man erfährt, dass die Handlanger der Schatten Centauri Prime ins Verderben gestürzt haben. Das ist ein klein wenig die Vorausschau auf das, was noch kommen wird. Vor allem ist es aber angemessen düster, wie der Blick hinaus aus dem Palast auf eine Stadt, die in Flammen steht.

Londo hat es hier noch nicht verstanden. Aber in dieser Folge hat er die Möglichkeit, einer der Weissagungen – oder Warnungen – von Lady Morella zu entsprechen. Er muss denjenigen retten, der schon tot ist: Sheridan. Aber das erkennt Londo hier nicht. Das Schicksal seiner Welt, seines Volkes, aber auch sein eigenes zerren zu sehr an ihm.

War Without End ist das Zentrum der dritten Staffel, aber zugleich weit mehr. Dieser Zweiteiler bereitet den Weg für die weiteren Staffeln.

Das Skript

Dies ist eine der Folgen, bei denen die Änderungen von der ersten Version zur fertigen Folge am umfangreichsten sind. Hier sind 20 Szenen enthalten, die es nicht in der fertigen Folge gibt oder die im Skript verändert oder verlängert sind. Ganz am Anfang gibt es einen kurzen entfernten Moment, in dem man einige Ranger auf Minbar trainieren sieht.

Die nächste Szene, die nur im Skript vorhanden ist, dreht sich um Ivanova und Garibaldi. Sie erklärt ihm dabei, was er bei dem neuen Thunderbolt-Typ der Starfury beachten muss. JMS entschied sich schließlich gegen das neue Schiff und für eine klassische Starfury, da diese alleine gesteuert wird, was er für Garibaldis Szenen im Sektor 14 für wichtig hielt.

Ivanova: You'll have to get used to the new controls on the fly. I told you to get checked out on these things earlier.

Garibaldi: Yeah, well, I've been a little busy. No big deal, you just point it and punch it.

Danach ist es im Skript so, dass Garibaldi der Boden-Crew einen Daumen hoch gibt, und man hört eine Warnung, das Flugdeck zu räumen. In der Folge sieht man dagegen, wie die Starfury startet.

Danach gibt es eine Szene, die in der Folge schön gewesen wäre, die aber Sinclairs großen Auftritt im Kriegsraum geschmälert hätte. Er spricht mit Ivanova und erkundigt sich nach Garibaldi, der gerade abgeflogen ist. Ivanova bietet an, ihn zu verständigen, aber Sinclair lehnt ab.

Sinclair: Mind if I use your console for a while?

Ivanova: I told you, nobody touches my stuff unless I … Commander?

Sinclair: Commander. Congratulations on the promotion.

Ivanova: How did you … when did you …?

Sinclair: On a ship. Just now. So where's Garibaldi?

Ivanova: He's … oh, hell. Get me the launch bay …

Tech: Too late.

Ivanova: Nuts … I can call him back …

Sinclair: No … no, that's all right, let him go. I'll catch him later.

Ivanova: Shouldn't I at least tell him you're here?

Sinclair: I'd rather surprise him when he gets back. So, where's Sheridan?

Als Marcus erklärt, dass es seit Tagen keine Schatten-Angriffe gab, erscheint im Drehbuch Draal per Projektion und fordert Sheridan, Marcus, Delenn und Sinclair auf, zu ihm auf den Planeten zu kommen. In der Folge ist es Delenn, die alle auffordert, mit ihr zur White Star zu kommen.

Die Szene beginnt damit, dass Draals Projektion direkt über Sheridan erscheint.

Draal: Sorry to burst in on you, Captain Sheridan, but this is … Captain?

Sheridan: Okay, who turned out the lights?

Draal: Sorry, I hadn't adjusted for your changing position.

Sheridan: Don't you ever knock?

Daraufhin will Draal an die Wand hinter sich klopfen, aber da er ja nicht körperlich vorhanden ist, dringt seine Hand in die Wand ein.

Sheridan: Right. Point Taken. So what's up?

Draal: Sorry to burst in on you, Captain Sheridan, but this is of the utmost urgency. You and the rest of your people must come down to the planet at once.

Sheridan: We're kind of in the middle of something here …

Draal: Yes, I'm sure, you lead a very busy life, and if you wish to continue leading any kind of life, you'll come see me. Quickly.

Dann erklärt Draal, dass auch Sinclair mitkommen soll. Sinclair taucht auf und begrüßt Sheridan. In dieser frühen Version des Drehbuchs gibt es keinen Hinweis darauf, dass beide sich kennen. Auch die Mars-Aufstände werden nicht erwähnt.

Danach kommt die Szene in Delenns Quartier, in der Lennier ihr sagt, dass sie tun muss, was sie tun muss, weil der Traum sonst sterben würde. Im Skript gehören Lenniers Texte zu Draal.

Die nächste Szene ist nur im Skript vorhanden. Sie zeigt Garibaldi in der Thunderbolt. Er spricht mit sich selbst – darüber, wie schnell das Schiff wirklich ist und dass Ivanova den ganzen Spaß verpasst.

Garibaldi: This baby can move, all right. Looks like Ivanova missed all the fun again.

Verändert wurden danach die Szenen auf dem Planeten. Im Skript sieht man Draal in der Großen Maschine – und erkennt die Sorge in seinem Gesicht. In der Folge spricht Zathras aus, was Draal sagt, aber mit mehr Worten.

Draal: Not good. Definitely not good.

Danach gibt es eine Szene auf Epsilon 3, die nur im Skript ist. Draal erklärt seinen Besuchern, wie die Große Maschine plötzlich begann, immense Energiestöße auszusenden. Sie wurde von einem Timer gestartet, der schon lange vor Draal hier war. In dieser Szene erfahren Sheridan und die anderen von Babylon 4 und was ihre Mission ist.

Sheridan: Could you just tell us what this is all about, why the big hurry …?
Draal: It's best for you to see for yourself, Captain. Best for you all to see. It started suddenly, just a few hours ago. The Great Machine is generating massive amounts of energy. There's enough power around us to shatter most of this planet were it is not carefully contained.
Sheridan: What's it doing? What sets it off?
Draal: It was on some kind of timer … you have to remember, Captain, I didn't build the Great Machine, I just inherited it. Some of what it does is as mysterious to me as it is to you. I've been studying it for two years, and I still only understand three percent of it. If I went any faster I'd probably go mad, begin talking to myself, nonstop, just chattering away to no one in particular …
Sheridan: Draal …
Draal: … which I suppose is technically the same as talking to no one in general, but either way if I lost it, this whole place could go up like a …
Sheridan: Draal … you were saying you were studying the machine when all this started happening …

Draal: … and I found something most disturbing. It involves each of you. This way.

Danach zeigt Draal den Besuchern das Video vom Angriff auf Babylon 4 und die White Star, die ihn verhindert. Die Erklärungen rund um dieses Material kommen in der Episode von Delenn. Bei der nachfolgenden Szene, in der es darum geht, dass Sheridan Babylon 4 ›stehlen‹ wird, ist es auch Draal, der mit ihm spricht – mit herrlich trockenem Humor.

Sheridan: You want me to steal Babylon 4? Are you out of your mind?
Draal: No, I'm just out of my body. My mind is perfectly intact.

Im Skript ist es Ivanova, die Garibaldi den Befehl gibt, zur Station zurückzufliegen. In der Folge ist es Sheridan, der es auf Sinclairs Bitte hin tut. Delenn spricht mit Sheridan und erklärt ihm, dass sie Draal schon ihr ganzes Leben lang kennt. Er hat sie nie belogen. Wenn er sagt, dass sie nun Babylon 4 ›stehlen‹ müssen, dann ist das ein Fakt.
Danach sagt Draal der Gruppe, dass sie sofort aufbrechen müsse und das für ihre Mission notwendige Equipment soeben von Zathras verladen werde. In der Folge selbst kommt Zathras mit einem Shuttle von Epsilon 3 zur White Star.
Im Skript länger ist die Szene, als Zathras die Zeitstabilisatoren verteilt. Er erklärt hier eine zusätzliche Funktion, die aber gefährlich ist, auch wenn sie jemanden unsichtbar machen kann.

Zathras: This button can put you out of phase with past time … you cannot be seen by anyone of that time … but requires great energy. If you use too much … time stabilizer will burn out. That is all I know.

Die letzte Szene des dritten Akts existiert nur im Skript. Ivanova spricht mit Sinclair darüber, als er vor zwei Jahren von Babylon 4 zurückkam. Damals sagte Ivanova, dass beim nächsten Mal sie und nicht Garibaldi mitkommen werde – rückblickend recht dumm.

Ivanova: Remember what I said when you came back from Babylon 4 last time?
Sinclair: That the next time this happens, you're going and Garibaldi's staying.
Ivanova: If I ever say anything like that again, hit me real hard.

Nachdem die White Star die Zeitverzerrung verlassen hat, sieht man Sinclair an der Wand lehnen. Er ist blass und schwitzt. Im nächsten Moment erinnert er sich an die Zukunft und an den Kampf, den Garibaldi auf der Station führte, einen Kampf, der nach dem letzten aussah.
Als die Bombe explodiert, sieht man die Schockwelle, die auf die White Star zurast. Sheridan hat nur eine Reaktion.

Sheridan: … oops …

Als Sheridan von der White Star verschwindet, kommt im Skript direkt die Szene auf Centauri Prime. In der Folge selbst erinnert Sinclair alle daran, dass die Mission über jedem von ihnen steht. Die Szenen mit der White Star, die sich an die Station ›anhängt‹, sind aus dem Skript zum zweiten Teil, ebenso wie das Gespräch von Delenn und Sinclair. Die Ankunft auf der Station ist ebenfalls aus dem Skript des zweiten Teils. Das Drehbuch des ersten Teils endet mit Sheridan, der auf das zerstörte Centauri Prime blickt.

Wertung von Kosh

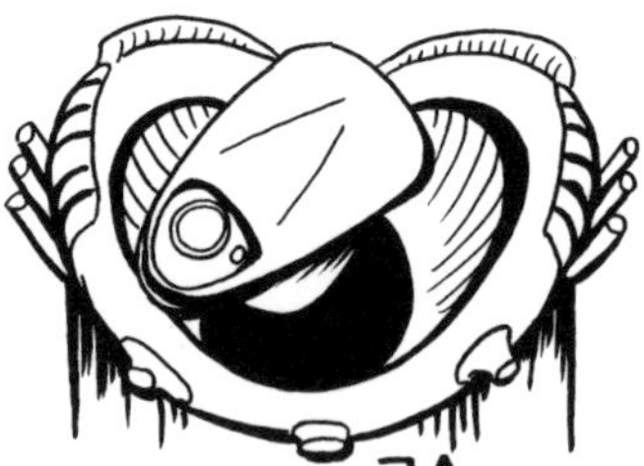

3.17
War Without End, Part Two
(Tausend Jahre durch die Zeit)

US-Erstausstrahlung: 20. Mai 1996
Deutsche Erstausstrahlung: 19. Januar 1997
Regie: Michael Vejar
Drehbuch: J. Michael Stracyznski

Darsteller: Tim Choate (Zathras), Michael O'Hare (Botschafter Jeffrey Sinclair), Bruce Morrow (B4 First Officer), Kent Broadhurst (Major Krantz), Melissa Gilbert (Anna Sheridan – nur Stimme)

Inhalt

Sheridan wird durch die Zeit gerissen. Auf Centauri Prime trifft er in seiner Zelle auf Delenn und erfährt von ihrem gemeinsamen Sohn David. Als beide zu Londo gerufen werden, ist dieser schwer alkoholisiert, weil der Alkohol den Keeper, der auf seiner Schulter sitzt, für wenige Minuten ausschaltet. Londo lässt sie frei, bittet aber darum, dass sie seinem Volk aus der Knechtschaft helfen. Nachdem sie gegangen sind, taucht G'Kar auf. Londo weiß, dass er sterben muss, da der Keeper sonst alles erfährt. G'Kar fängt an, ihn zu würgen, der Keeper erwacht, und beide bringen sich gegenseitig um.

Sheridan verschlägt es wieder auf die Station. Dort erhält er einen neuen Zeitstabilisierer. Die Evakuierung von Babylon 4 beginnt, wie es vor zwei Jahren war. Derweil bereitet Ivanova alles dafür vor, dass die Station in die Vergangenheit reisen kann. Aber sie braucht jemanden, der sie lenkt. Das will Sinclair übernehmen. Marcus bietet sich an, aber Sinclair hat es schon immer getan – ein Brief von ihm selbst an ihn selbst, der vor 900 Jahren geschrieben wurde, beweist das. Sinclair reist in die Vergangenheit, und Delenn erklärt den anderen, dass ihr Volk nie eine Station als Geschenk akzeptiert hätte, auf der ein Mensch war. Wie sie selbst unterzieht sich Sinclair einer Chrysalis. Marcus erkennt, was sie meint: Der legendäre Valen war ein Minbari, der nicht als Minbari geboren wurde. Sinclair wird zu Valen und begrüßt die ankommenden Minbari auf Babylon 4.

Hintergründe

Die Dreharbeiten brachten eine Hürde mit sich, an die zuvor niemand gedacht hatte. Der Raumanzug, der in *Babylon Squared* zu sehen war, war von einer Firma gemietet worden, die derlei Kostüme anbietet. Interessantes Detail: Es war einer der Raumanzüge aus *2001: A Space Odyssey (2001 – Odyssee im Weltraum,* 1968). Der war eigentlich orange, wurde aber blau angemalt. Das Problem war nun, dass die Firma nur den einen Anzug hatte. Also musste die Kostümabteilung der Produktion auf die Schnelle einen neuen fertigen.

Denn JMS war auf die Idee gekommen, die Frage danach, wer in dem blauen Anzug steckte, zu beantworten, indem er mehr als einen solchen Anzug zeigte. Tatsächlich ist die Auflösung sogar noch eine andere, denn gleich drei Figuren steckten darin, und jede davon war an einem gewissen Punkt von *Babylon Squared* darin.

Die Folge in ihre Form zu bringen, war für JMS eine besondere Herausforderung, nicht nur, sie innerhalb einer Woche zu schreiben, sondern auch, wie sie im Schnitt präsentiert werden sollte. Denn er hatte Teile des ersten Akts für das Finale des ersten Teils genommen, womit die zweite Folge zu kurz gelaufen wäre. Er musste darum Material hinzufügen, aber auch die Reihenfolge verändern. Und immer, wenn er das tat, war das wie ein Welleneffekt, der andere Teile der Folge tangierte.

Das fing schon beim Teaser an, der anfangs ganz und gar auf Centauri Prime spielte. JMS war aber klar, dass er auch zur Haupthandlung wechseln musste. Überhaupt war die Struktur der Folge an einem Punkt so, dass die Haupthandlung auf Babylon 4 erst im zweiten Akt begann. Ergo: Eine erneute Umstrukturierung war vonnöten, denn die Kunst ist auch, die verschiedenen Handlungsstränge zu jonglieren und immer daran zu denken, dass der Centauri-Teil der Subplot ist, während die Haupthandlung um Babylon 4 im Fokus stehen muss.

Das kostete ihn einen schönen Moment, den er im Skript so angelegt hatte, dass er deutlich mehr Wirkung haben sollte: der erste Kuss von Sheridan und Delenn. Der Clou dabei: Dieser Kuss ereignet sich in der 17 Jahre entfernten Zukunft. Für Sheridan ist es der erste Kuss, für Delenn aber nicht. Und für Sheridan wird in der Gegenwart der Moment des ›echten ersten‹ Kusses nochmals kommen. JMS hatte auf diesen Kuss hingearbeitet. Mehrmals kam er fast zustande, aber Sheridan und Delenn wurden immer wieder gestört. Hier fand er nun statt, und er hätte eigentlich das Ende des entsprechenden Akts sein sollen. Durch die Umstrukturierung der Erzählung fiel das jedoch flach.

Die Aufgabe, diesen herausfordernden Zweiteiler umzusetzen, fiel auf den Regisseur Michael Vejar, den JMS für den besten hielt, der für Babylon 5 tätig war. Wieso das so ist, zeigt sich bei der Szene im Thronraum. Wann immer Londo stärker unter dem Einfluss des Keepers steckt, taucht er in den Schatten um ihn herum ein; wenn er sich freikämpft, wenn er zum Licht drängt, zeigt das auch die Beleuchtung. Das ist ein subtiler und toller Weg, um Londos Zustand zu illustrieren.

Delenn hat eine Art Zeitflashback – sie ist mit Sheridan in einem dunklen Raum, dann öffnet sich eine Tür, und aus dem Dunkel heraus sagt eine Frau seinen Namen. Das ist der erste Auftritt von Melissa Gilbert in der Serie, noch ohne Nennung. Die damalige Frau von Bruce Boxleitner wurde zu Anna Sheridan.

Kommentar

JMS hat die Herausforderung, die Geschichte zu erzählen, obwohl Sinclair nicht mehr die Hauptfigur der Serie ist, sehr gut gemeistert. Die Ereignisse des zweiten Teils finden parallel mit denen von *Babylon Squared* statt. Sie ergänzen einander wunderbar – ähnlich *Back to the Future II (Zurück in die Zukunft II,* 1989), in dem der zweite Teil teilweise während des ersten stattfindet.

Dabei löst er das Rätsel, wer ›der Eine‹ ist – indem er gleich drei Figuren in den Raumanzug steckt. Sinclair ist der Eine, der war, Delenn ist die Eine, die ist, und Sheridan ist der Eine, der sein wird. Das funktioniert auch deshalb so gut, weil die Zahl Drei bei den Minbari besondere Bedeutung hat.

Der Blick in die Zukunft der Centauri ist faszinierend, weil man mehr über Sheridan erfährt, aber auch, weil sich die Prophezeiungen für Londo erfüllen – zwei von dreien immerhin. Er rettet den, der schon tot ist, und er stellt sich seiner größten Angst. Zudem ist sein letzter Moment der, den er vorhergesehen hat. Wir erinnern uns: Centauri ist es manchmal möglich, eine Vision ihres eigenen Todes zu haben. G'Kars Hände um Londos Hals – das ist eine Vision, die der Centauri schon lange hatte. Hier löst JMS ein Versprechen ein, das er vor langer Zeit gegeben hatte. Zugleich zeigt er aber auch, wie es den Centauri in ihrem Pakt mit den Schatten erging. Alles, was Londo wollte, verkehrte sich ins Gegenteil. Glanz und Glorie seines Volks wollte er wiederherstellen; letztlich haben seine Taten es an den Rand des Abgrunds geführt. Aber ein Hoffnungsschimmer besteht. Londo ist tot, und Vir wird ihm als Imperator nachfolgen. Doch was kommt dann?

Auch auf andere Art gibt es einen Blick in die Zukunft. 17 Jahre in der Zukunft warnt Delenn Sheridan davor, nach Z'ha'dum zu gehen. Sie weiß, was dort passieren wird, und will es ihm ersparen.

War Without End ist ein brillanter Zweiteiler, der den Weg für die weitere Serie ebnet, Dinge andeutet, aber auch abschließt und der Höhepunkt dessen ist, was JMS knapp drei Jahre zuvor begonnen hat. Dieser Zweiteiler illustriert die Stärke einer Narrativen, bei der der Schöpfer nicht nur weiß, wohin er will, sondern auch exakt geplant hat, was in jeder Staffel passieren wird – immer mit dem nötigen Spielraum, Dinge anzupassen, sollten es die Umstände erfordern.

Das Skript

Die Änderungen beim zweiten Teil fielen geringer aus, es wurden aber einige Szenen aus der Folge entfernt, die nur im Skript vorhanden sind. Die erste ist, als Sheridan aus dem Palastfenster auf die brennende Stadt blickt. Londo entschuldigt sich, dass er nicht auch hinausblickt, er hat genug davon gesehen.

Londo: Forgive me if I do not share the view … I have seen it enough.

Die nächste Szene, die nur im Skript ist, kommt sehr viel später. In einem Korridor arbeiten zwei Männer daran, den Schutt zu beseitigen, als der Mann im blauen Raumanzug erscheint. Offenbar unter Schmerzen streckt er eine Hand nach den Männern aus, die weglaufen.

Verändert wurde die Szene mit Zathras' Verhör durch Major Krantz. In der Folge sieht man, wie die Wachen Zathras durch einen Korridor führen. Im Skript wird das Verhör unterbrochen, weil Krantz erfährt, dass Hilfe für die Evakuierung angekommen ist.

Eine weitere entfernte Szene zeigt auf der White Star, wie Lennier Sinclair erklärt, dass das System hochfährt und er nun in der Lage sein sollte, durch die Luftschleuse zu kommen. Marcus erklärt, dass er zurück zur Station geht, falls dort seine Hilfe benötigt wird. Eine Szene kurz darauf ist länger. Als Sinclair und Garibaldi von vor zwei Jahren die Station verlassen, schickt der jetzige Sinclair seinem Freund eine Warnung, aber die Entfernung ist bereits zu weit. Bevor er das tut, erinnert er sich an Delenn und ihre Warnung, dass die Vergangenheit nicht verändert werden darf.

Delenn: You must not say or do anything that might change the past.

Nachdem man Delenn im blauen Anzug gesehen hat, gibt es eine entfallene Szene. Ivanova findet Zathras, der sich gerade den Staub von der Kleidung klopft. Er erzählt ihr, dass er Glück hatte, aber sie sieht in der Nähe den blauen Anzug herumliegen.

Ivanova: You got away …
Zathras: Yes. Zathras very lucky.
Ivanova: Where are the others?
Zathras: Coming.

Die Szene, als Zathras erklärt, wer der Eine ist, ist im Skript einen Tick länger. Nachdem er gesagt hat, wer Sinclair, Delenn und Sheridan sind, fügt er noch etwas hinzu.

Zathras: And then the three will be two, and the two will create the one.

Danach folgt ein kurzer Moment, der schon in der Vergangenheit spielt. Babylon 4 ist in die Zeit zurückgereist. In einer Frachthalle sieht man eine der Kisten, die Zathras von der White Star mitgebracht hat. Danach folgt die Szene mit Sinclairs Chrysalis. Im Skript ist noch ein Rückblick mehr enthalten, aus *Soul Hunter.* Hier spricht der Seelenjäger Delenn direkt an. In der fertigen Folge ist nur der Moment enthalten, als er Sinclair anspricht. Nur im Skript ist ein kurzer Moment, als die Chrysalis zu wirken beginnt. Hier steht Zathras an Sinclairs Seite.

Wertung von Kosh

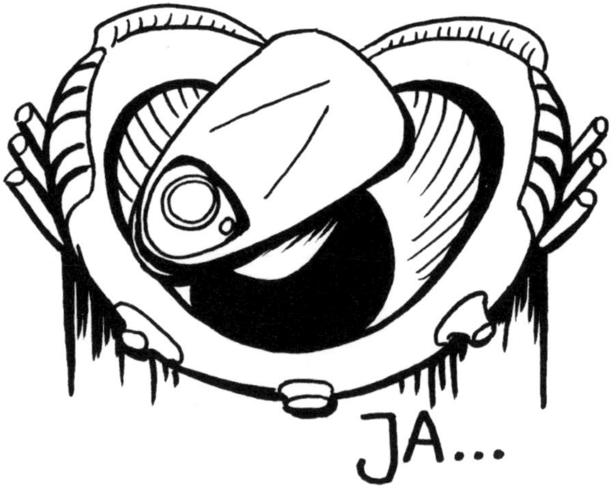

3.18
Walkabout
(Die Schlacht der Telepathen)

US-Erstausstrahlung: 30. September 1996
Deutsche Erstausstrahlung: 26. Januar 1997
Regie: Kevin G. Cremin
Drehbuch: J. Michael Straczynski

Darsteller: Erica Gimpel (Cailyn), Patricia Tallman (Lyta Alexander), Jennifer Balgobin (Dr. Lilian Hobbs), Robin Sachs (Warleader Na'Kal), Ardwright Chamberlain (Ulkesh), Michaele McKenzie (Minbari-Captain)

Inhalt

Franklin hat sich auf einen Walkabout begeben. Garibaldi findet ihn in DownBelow und spricht mit ihm. Franklin hat erkannt, dass er sich nur darüber definierte, Arzt zu sein; jetzt will er herausfinden, was er noch ist oder noch sein kann. Dabei lernt er die Sängerin Cailyn kennen und verbringt eine Nacht mit ihr. Am nächsten Tag findet er sie bewusstlos am Boden. Im Medlab stellt sich heraus, dass Cailyn an einer tödlichen Krankheit leidet und nur noch wenige Monate zu leben hat.

Ulkesh ist der neue Botschafter der Vorlonen, aber jeder soll ihn nur Kosh nennen. Denn wie er sagt: »Wir alle sind Kosh.« Er sucht nach einem Überrest von Kosh, aber Lyta war nicht bei dem Vorlonen, als er starb, sodass er keinen Teil seines Ichs in ihr retten konnte. Lyta hat später eine Idee, in wem ein solches Teil von Kosh überlebt haben könnte: in Sheridan. Das findet sie bei einer Mission heraus, für die Sheridan sie rekrutiert. Er will mit der White Star ein Schattenschiff angreifen und die Theorie testen, dass ein starker Telepath dem Feind schwer zusetzen kann. Ein Minbari-Schiff begleitet ihn. Die anderen winken ab, darunter auch Warleader Na'Kal, der einen schweren Kreuzer der Narn befehligt. Garibaldi stellt G'Kar zur Rede – und das keinen Moment zu früh.

Der Angriff gegen die Schatten verläuft gut, Lytas Telepathie ist das Zünglein an der Waage. Doch um das Schiff zu vernichten, braucht die White Star so viel Energie, dass sie ihren Sprungantrieb ausschalten muss. Als weitere Schattenschiffe auftauchen, scheint es um Sheridan und seine Leute geschehen zu sein, doch G'Kar kommt rechtzeitig mit einer Flotte Verbündeter – und die Schatten fliehen.

Hintergründe

Eigentlich sollte *Walkabout* vor *War Without End* laufen, aber die Produktionsumstände verhinderten das. Letztlich ist es nicht weiter relevant, die Folgen funktionieren auch in dieser Reihenfolge sehr gut. Als JMS mit dem Schreiben der Geschichte begann, wollte er einen Hauptplot, der sich um die große Geschichte dreht, aber außerdem einen Nebenplot, der eher charakterorientiert ist. Dazu hatte er sich im Verlauf der dritten Staffel entschlossen, weil er befürchtete, dass die Geschichten zu komplex werden würden, wenn auch der Subplot größere Auswirkungen auf die große Geschichte gehabt hätte.

Also begab sich Stephen Franklin auf einen Walkabout – etwas, das JMS in seiner Jugend getan hatte, ohne zu wissen, dass es dafür einen Begriff gab. Diese Suche nach sich selbst kannte er aus eigener Erfahrung und baute sie nun in die Geschichte von Dr. Franklin ein, bis hin zu dem später stattfindenden Angriff auf ihn; etwas, das JMS gleichermaßen erlebt hatte.

Richard Biggs betrachtete Franklin als die Rolle seines Lebens. Damit hatte er auch recht. Folgen wie die, in denen Franklin sein eigenes Leben hinterfragt, unterstreichen das noch mehr. Je älter man wird, desto eher kann man nachempfinden, wie sich Franklin fühlt. Immer mehr Verantwortung und Aufgaben sind zu schultern, bis man eines Tages in den Spiegel blickt und nur noch das sieht, aber nicht mehr sich selbst erkennt. Auf seinem Weg zur Selbsterkenntnis lernt er eine todkranke Frau kennen. Das ist vielleicht metaphorisch etwas dick aufgetragen, aber im Angesicht des Todes lehrt sie ihn eine Lektion, die er vergessen hatte: dass man jeden Moment des Lebens auskosten muss.

Gespielt wird die Sängerin von Erica Gimpel, die mit *Fame (Fame – Der Weg zum Ruhm,* 1982-1987) bekannt wurde und auch in den ersten beiden Staffeln von *North and South (Fakkeln im Sturm,* 1985-1986) dabei war. Zu der Zeit, da sie in *Babylon 5* mitwirkte, erhielt sie auch eine Hauptrolle in der Serienkiller-Serie *Profiler (Profiler,* 1996-2000).

Unangenehm waren die Dreharbeiten für Andreas Katsulas, wie immer, wenn G'Kar in seinem Pyjama zu sehen ist. Denn dann musste das Make-up weitflächiger aufgetragen werden und Brust und Bauch umfassen. Darum hasste Katsulas die Szenen, in denen G'Kar in seinem Nachtgewand zu sehen ist. Dafür ist es eine starke Szene, die er zusammen mit Jerry Doyle spielt. Als Warleader Na'Kal agiert Robin Sachs. Manche kennen ihn als Giles' alten Kumpel und gelegentlichen Feind Ethan in *Buffy the Vampire Slayer (Buffy – Im Bann der Dämonen,* 1997-2003). Amüsanterweise spielte er aber auch in einer Folge von *Star Trek: Voyager (Star Trek: Raumschiff Voyager,* 1995-2001). Seine Figur trägt dort den Namen Valen. Das war die Folge *The Void (Die Leere)* aus der siebten Staffel. Bei *Babylon 5* war er insgesamt sechsmal in verschiedenen Rollen zu sehen.

Walkabout wurde nicht von John Flinn als Kameramann betreut, weil dieser sich auf die Episode *Grey 17 Is Missing* vorbereitete, die er inszenierte. An seine Stelle trat Fred Murphy.

Kommentar

Die Szenen mit Franklin mögen etwas unrund wirken, macht er seinen Walkabout doch ›nur‹ durch die Station. Die Idee an sich ist aber gut, weil sie auch für den Doktor sehr gut passt – sie ist das krasse Gegenteil dessen, was er bisher getan hat, und setzt nicht auf Wissenschaft, sondern auf pure Spiritualität. Das Konzept des Walkabouts entspringt den australischen Ureinwohnern. Man geht solange, bis man sich selbst trifft, erklärt Franklin, und dann redet man, bis die

Worte fehlen – dann kommt, mit Glück, die Erkenntnis, die man sucht. Garibaldi kann da nur den Kopf schütteln. Als Zuschauer möchte man es ihm gleichtun. Aber im Verlauf der Geschichte stellt sich das Gefühl ein, dass diese Auszeit genau das ist, was Franklin jetzt brauchte – wenngleich er sich angesichts des Kriegs einen eher ungünstigen Zeitpunkt dafür ausgesucht hat.

Die Haupthandlung ist aber natürlich sehr viel interessanter und für das große Ganze wichtiger – nicht nur, weil sich hier erstmals eine Allianz im Kampf findet, auch wenn es dafür einiges an Überzeugungsarbeit benötigt, sondern weil es der erste echte Sieg gegen die Schatten ist, in einer direkten Konfrontation, und so wirkmächtig, dass vier Schiffe vor der White Star und der Flotte fliehen! Der Nimbus der Unbesiegbarkeit geht verloren. Dies ist nicht nur ein großer Sieg für Sheridan, es ist zudem ein psychologischer Dämpfer für die Schatten.

Wenn man in der Folge einen echten Schwachpunkt ausmachen will, dann ist es Patricia Tallman. Sie ist häufig solide, in manchen Szenen neigt sie aber zum Chargieren. Das fällt besonders auf, wenn sie ihre telepathischen Kräfte einsetzt oder sich vor Schmerz am Boden krümmt. Da merkt man schon, dass sie in erster Linie eine Stuntwoman war und erst dann Schauspielerin wurde – aber abseits von *Babylon 5* nicht viel gemacht hat.

Das Skript

Die Änderungen vom Skript zur fertigen Folge halten sich hier in Grenzen. Die erste beizubehalten, wäre schön gewesen. Der Moment mit Sheridan, der draußen auf der Station herumspaziert und dann das Vorlonenschiff vor sich sieht, ist im Skript länger. Sheridan hat auch eine Dialogzeile.

Sheridan: Welcome to Babylon 5 …

Das Gespräch zwischen Franklin und Garibaldi ist länger. Garibaldi erinnert den Doktor daran, dass sie sich mitten im

Krieg befinden. Franklin kontert, dass bei Weltraumschlachten selten ein Doktor benötigt werde. Wenn der Krieg aber zu Babylon 5 komme, werde er da sein.

Garibaldi: Look, Stephen, I don't mean to alarm you, but we've got a war brewing out there.
Franklin: Yeah … and the problem with ship to ship combat in space is that when a ship goes up, there's nothing left to heal. Medlab can handle the day to day stuff we get here; they're good people, and I've trained them well. When the war comes to Babylon 5, I'll be there.

Das Gespräch in Cailyns Appartement ist länger. Franklin fragt, ob es nicht leichtsinnig sei, einen Fremden hierherzubringen, sie dreht die Frage aber um. Er gehe ja ins Appartement einer Fremden. Er erwidert, dass er lange genug auf Nummer sicher gegangen sei.

Franklin: Isn't it dangerous bringing somebody you've barely met to your apartment?
Cailyn: Isn't it dangerous going to a strange apartment with someone you've barely met?
Franklin: I tried safe. I didn't like it.

Die Szene, als der schwere Kreuzer der Narn und die White Star ein Schattenschiff vernichten, ist im Skript minimal länger. Sheridan befiehlt dem Minbari-Schiff, dass deren Telepathen eines der Schattenschiffe freilassen sollen.

Sheridan: White Star to Minbari cruiser … have your telepaths let go of one of the other ships and stop this one. We can take it …

Länger ist im Skript die Szene, als Franklin die bewusstlose Cailyn findet. Er will seinen Link benutzen, um Hilfe zu rufen, hat ihn aber nicht dabei. Dann will er das interne System Babcom nutzen, aber das wurde wegen Nichtzahlung der Gebühren abgestellt. Er öffnet die Tür und ruft um Hilfe, bis ein Sicherheitsmann kommt, während er mit der Wiederbelebung beginnt.

Länger ist zudem die Szene, in der Franklin im Medlab mit Cailyn spricht. Sie erklärt, dass sie keine Familie hatte, zu der sie hätte zurückkehren können und dass sie gar nicht wissen wolle, wie lange sie noch hat. Franklin fragt sie, ob sie ihn nur zu sich gebeten hat, weil sie mit seiner Identicard Medizin besorgen wollte, aber sie erklärt, dass sie ihn so oder so mitgenommen hätte.

Franklin: Yeah, but you could do that at home just as well as here. You could get better care.

Cailyn: Wouldn't make any difference. Good care or bad, the time I've got left won't change much.

Franklin: Do you …

Cailyn: No. I don't know exactly. I told the first doc I didn't want to know. If I knew when I was dying, hon, it'd just kill me. Don't have any family back home … just agents, and managers and ›handlers‹, my career …

Wertung von Kosh

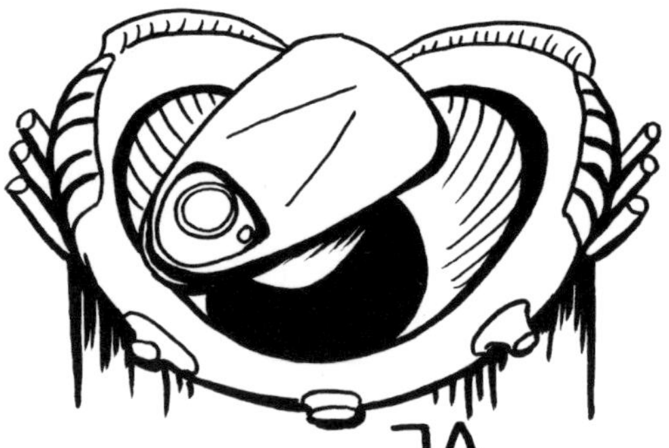

3.19
Grey 17 Is Missing
(Das Rätsel von Grau 17)

US-Erstausstrahlung: 7. Oktober 1996
Deutsche Erstausstrahlung: 2. Februar 1997
Regie: John C. Flinn III
Drehbuch: J. Michael Straczynski

Darsteller: Robert Englund (Jeremiah), Katherine Moffat (Supervisor), John Vickery (Neroon), Time Winters (Ratheen)

Inhalt

Ein Arbeiter verschwindet, weswegen Garibaldi ermittelt. Er findet es merkwürdig, dass in den Plänen des Grau-Sektors 30 Ebenen enthalten sind, aber nur 29 in der Station zu finden sind – bis er merkt, dass Grau 17 vom Lift übersprungen wird. Er öffnet die Tür und sieht eine heruntergekommene Ebene. Hier trifft Garibaldi auf eine merkwürdige Sekte, deren Anführer davon schwafelt, dass man mit dem Universum eins sein muss. Aber wie dem auch sei, auf dieser Ebene treibt zudem ein Monster sein Unwesen, und Garibaldi muss es töten.

Nachdem Sinclair weg ist, muss der Posten von Ranger One, des Anführers der Ranger, neu besetzt werden. Die logische Wahl ist Delenn, die in einer Zeremonie auf Babylon 5 zur neuen Anführerin der Ranger gemacht werden soll. Neroon droht ihr jedoch, dies mit allen Mitteln zu verhindern, da nach dem Recht jemand aus der Kriegerkaste die Ranger anführen müsse. Lennier bittet Marcus, ein Auge auf Neroon zu werfen. Als die Zeremonie stattfindet, fordert Marcus Neroon zum Kampf, verliert jedoch. Neroon lässt ihn jedoch leben – und er akzeptiert Delenn als Anführerin der Ranger. Er hatte nicht geglaubt, dass ein Mensch bereit wäre, für ihn zu sterben, aber für Delenn war Marcus dazu bereit.

Hintergründe

JMS sagte einmal, er wünschte, er könnte sich persönlich bei jedem Fan für diese Folge entschuldigen. Auf seine Kappe gehen die Dialoge von Jeremiah, die Bauchrednerpuppe und die Zufälligkeiten, die keinen Sinn ergeben. Wieso hantiert Garibaldi mit einem alten Revolver? Weil das Drehbuch es erfordert, da die Waffe im vierten Akt zum Einsatz kommt. Das ist einfach Tschechows Waffe. Der Autor sagte: »Wenn Sie im ersten Akt eine Pistole an die Wand gehängt haben, sollte sie im Folgenden abgefeuert werden. Andernfalls legen Sie sie nicht dort ab.«

JMS legte sie also ab, und er brauchte sie. Aber auch danach wird es nicht besser. Was soll die Puppe in Grau 17? Wieso wird Garibaldi betäubt? Was soll das Gebrabbel von Jeremiah? Und wie zum Teufel ist seit Jahren ein Zarg unerkannt auf der Station? Ganz zu schweigen davon, dass es dümmlicher nicht geht, wenn Patronen in ein Rohr gestopft werden und Dampf sie ›abschießen‹ soll.

Wofür JMS nichts kann, ist das Aussehen des Zargs. Er wollte ein Monster, das kaum zu sehen ist, das im Schatten agiert, von dem man nur Teile sehen würde. Denn eines hatte er im Verlauf von drei Staffeln gelernt: dass Monster mit Gummiteilen, in denen ein Mensch steckte, einfach immer schlecht aussehen. Mit einem winzigen Fernsehbudget kann man das nicht gut aussehen lassen. Darum hat er im Drehbuch betont, dass der Zarg aus dem Schatten heraus agieren soll.

So war es auch mit John Flinn besprochen, der die Szene dann aber extrem gut ausgeleuchtet filmte. Das ist umso merkwürdiger, weil Flinn als Kameramann gerne auf Schatten setzte.

Was JMS mochte, ist die Handlung um Delenn, Neroon, Lennier und Marcus. Das ist der starke Teil, auf den JMS auch stolz ist. Nur der Grau-17-Teil ist einfach mies.

Kommentar

Grey 17 Is Missing gilt gemeinhin als eine der ganz miesen Folgen von *Babylon 5.* Das ist aber nur zur Hälfte wahr. Die gesamte Handlung um Grau 17 ist tatsächlich grauenhaft. So etwas hätte man in der ersten Staffel noch akzeptiert, hier ist es aber übelstes Füllmaterial. Robert Englund als Jeremiah ist extrem nervig, die Dialoge sind hanebüchen schlecht. Und das Monster ist ein Typ im Anzug, der unglaublich theatralisch umfällt, als er erschossen wird. Nein, das ist gar nichts, aber das ist eben auch nicht alles, was diese Folge zu bieten hat.

Denn die Handlung um Delenn, Neroon und Marcus ist wiederum hervorragend. Hier steht auch etwas auf dem Spiel, weil seit tausend Jahren kein Minbari mehr einen anderen Minbari getötet hat, aber Neroon wäre bereit, das nun zu tun. Die Spielregeln haben sich geändert, seit Delenn den Grauen Rat aufgelöst hat. Aber wenn nun ein Minbari einen anderen tötet, könnte das zum Bürgerkrieg zwischen den Kasten ausarten. Hier steht also durchaus einiges auf dem Spiel.

Lennier muss darum ein Versprechen an Delenn umgehen, Sheridan nichts von der Situation zu sagen. Er wendet sich an Marcus, weil sie das nicht explizit verboten hat. Marcus wiederum ist bereit, nicht nur für die Eine zu leben, sondern auch für sie zu sterben. Es ist ein starker Kampf, bei dem schnell klar ist, dass Neroon die Oberhand hat. Das wissen beide Kombattanten, aber Neroon ist von Marcus beeindruckt, weil ein Mensch für eine Minbari sterben würde. Damit macht auch Neroon eine wichtige Entwicklung durch. Das ist wichtig, weil JMS damit zeigt, dass selbst die Antagonisten in der Lage sind, ihr Tun und Handeln zu hinterfragen, sich selbst zu hinterfragen und zu einem Ergebnis zu kommen, das zuvor undenkbar schien.

John Vickery spielt das ausgesprochen gut. Schön, dass er in der vierten Staffel noch zwei weitere Auftritte hat.

Den miesen Ruf hat *Grey 17 Is Missing* nicht verdient. Im Grunde wäre dies eine hervorragende Folge, wenn man alle Grau-17-Elemente rigoros herausschneiden würde.

Das Skript

Im Skript gibt es einige gute und weniger gute Szenen mehr. Die erste ist eine längere Version von Zacks Gesprächen mit möglichen Telepathen. Im Skript redet er noch mit einem Pak'ma'ra, der die Anforderung für diesen Job wohl falsch verstanden hat.

Zack: No. I'm sorry, we're … I said we're looking for telepaths, for mind readers, not feeders. It's nothing personal, some of my best friends are carrion eaters, that's just not what we're looking for right now.

Etwas länger ist die Szene, als Ratheen vorschlägt, dass Delenn die Führung der Ranger übernimmt. Sie werden von einem Minbari der Kriegerkaste beobachtet, der nicht besonders glücklich aussieht.

Das Gespräch zwischen Garibaldi und Zack, in dem der Revolver gezeigt wird, ist geringfügig länger. Zack erklärt, dass der Arbeiter wahrscheinlich irgendwo ein paar Drinks zu viel hatte und sein Zeug einfach bei der Arbeitsstelle vergessen hat. Er bietet an, dem nachzugehen, aber Garibaldi übernimmt das selbst.

Länger ist auch die Szene, als Ivanova in DownBelow nach Franklin sucht, weil sie hofft, dass er über eine Datei mit den Telepathen verfügt, die er aus dem Wirkungsbereich des Psi-Corps herausgeschmuggelt hat. Sie wird von einem Mann angesprochen, der sie auf einen Drink einladen will. Abwimmeln kann sie ihn, indem sie etwas haben will, das es an Bord der Station nicht gibt.

Mr. Studmuffin: Hey … buy you a drink?

Ivanova: I'm busy.

Mr. Studmuffin: Always time for a drink. Anything you want.

Ivanova: Château Lafite-Rothschild, 2147, preferably the batch from the south side of the vineyard. I suggest you open it now and give it time to breathe … around here that could take days.

Mr. Studmuffin: So that's, like, a no, right?

Das Gespräch mit Franklin ist länger. Er erinnert sich an ein Ereignis seiner Kindheit, als er weglaufen wollte, seine Mutter aber sagte, sie würde sicherstellen, dass er sich nicht verläuft.

Franklin: I remember when I was six, I tried to run away from home. My mom said »Okay, you can go. I'll just walk behind you and make sure you don't get lost.« Kinda took all the fun out of it, y'know?

Eine komplette Szene ist nur im Skript enthalten, in der Garibaldi sich die Bauzeichnungen ansieht und ganz klar 30 Ebenen im Grau-Sektor sieht. Er fährt mit dem Lift bis zur untersten Ebene. Er verifiziert, dass es die unterste Ebene ist, indem er aus einem Fenster hinausblickt. Ebenfalls nur im Skript ist danach der Moment, als Lennier zu einem Quartier geht und klingelt. Marcus bittet darum, einzutreten. Länger ist die Szene, in der Garibaldi dem Kult um Jeremiah erklärt, dass sie alle verhaftet sind. Garibaldi merkt an, wie viel Arbeit es war, Grau 17 verschwinden zu lassen.

Garibaldi: Pretty clever little setup you've got here. Took a lot of work. You had to reprogram the transport tube, move all the signage around, adjust the power grid so nobody'd notice the energy drain. Then bank on nobody checking because hardly anybody comes to Grey sector. Unless something goes wrong. And now, here we are. The game's over. Drop this, now, and we'll go easy on you.

Länger ist die Szene, als Jeremiah mit Garibaldi spricht, kurz bevor dieser Krämpfe vortäuscht. Es ist einfach mehr Gebrabbel des Kult-Anführers. Länger ist außerdem die Szene, bevor der Zarg kommt. Jeremiah erklärt hier, woher der Zarg kam.

Jeremiah: Yes, as I said, it is perfect. It was difficult smuggling the egg onto the station, but with all the recent confusion …

Wertung von Kosh

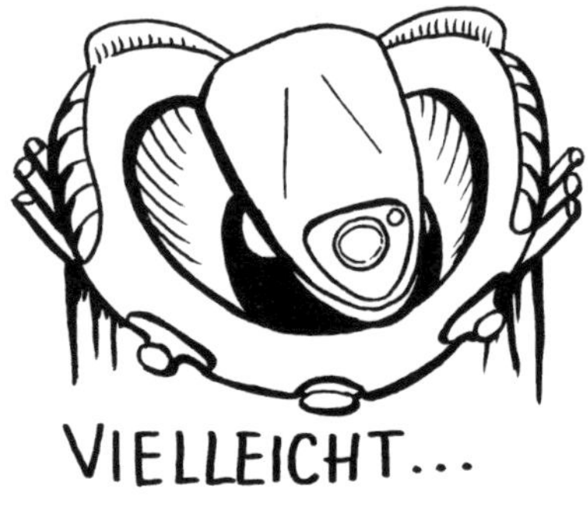

3.20
And the Rock Cried Out, No Hiding Place
(Tod eines Intriganten)

US-Erstausstrahlung: 14. Oktober 1996
Deutsche Erstausstrahlung: 9. Februar 1997
Regie: David J. Eagle
Drehbuch: J. Michael Straczynski

Darsteller: Erick Avari (Rabbi Leo Meyers), William Forward (Lord Refa), Louis Turenne (Bruder Theo), Mel Winkler (Reverend Will Dexter), Francois Giroday (Virini), Paul Keith (Drigo), Wayne Alexander (G'Dan)

Inhalt

Londo will G'Kar ein für allemal loswerden. Er trägt Vir auf, G'Kar zu berichten, dass Na'Toth noch lebt und im Kellerbereich des Regierungsgebäudes der Narn gefangen gehalten wird. Der Centauri ist sicher, dass G'Kar zu seiner Heimatwelt aufbrechen wird, wo er gefangengenommen, abgeurteilt und exekutiert werden kann. Zugleich wird sich Londo damit einen höheren Platz am königlichen Hof sichern, denn der Imperator wünscht, dass die Rivalitäten zwischen den Häusern von Mollari und Refa enden. Refa lässt Vir entführen und einen Telepathen aus ihm herausholen, was er für Londo getan hat. Dann schickt er seine eigenen Männer los, um G'Kar auf Narn festzunehmen. Aber es läuft nicht so wie erwartet.

Seine Wachen stellen sich gegen ihn, und G'Kar spielt eine Aufzeichnung ab. Londo hat das alles inszeniert, um Refa an diesen Punkt zu bringen. Er hat G'Kar zudem die Beweise gegeben, die zeigen, dass Refa für die Bombardierung von Narn verantwortlich ist und dass er danach Todeslager etabliert hat. Londo hat G'Kar zudem die Freilassung von 2.000 Narn versprochen. G'Kars Leute schlagen Refa tot. In dessen Kleidung werden später Beweise gefunden, die ihn als Verräter brandmarken, da er intrigierte, um selbst den Thron besteigen zu können.

Sheridan zerbricht sich den Kopf, wieso die Schatten so erratisch angreifen, bis er den Grund erkennt. Sie lassen ein Territorium völlig unangetastet, in das sich Flüchtlingsschiffe gerettet haben. Der Plan ist offenkundig, dort zuzuschlagen, wenn die Opferzahl besonders hoch ist. Delenn zeigt Sheridan, dass sie bereit sind. Sie präsentiert ihm eine ganze Flotte an White Stars.

Hintergründe

Prominenter als je zuvor wird der Kriegsraum in dieser Folge eingesetzt. Er war eine Notwendigkeit, weil man einen Ort brauchte, wo sich alle treffen. Das C&C hätte dafür nicht ausgereicht. Da in der Lagerhalle nur Platz für eine Handvoll stehende Sets war, musste ein Restaurant-Set für den Kriegsraum weichen. Auch in anderer Hinsicht zeigt sich in dieser Folge, dass Not erfinderisch macht.

Für die Centauri-Basis auf Narn wurde das Set des königlichen Hofs auf Centauri Prime benutzt – mit Refa, der bemerkt, dass man sich wirklich Mühe gegeben hat, die Räumlichkeit wie den Thronsaal aussehen zu lassen. Die Szene mit dem gefangenen Vir fand in einem Quartier statt. Gedreht wurde in dem von Sheridan. Man dunkelte nur alles rund um die beiden Darsteller ab, die sich gegenübersitzen. Das verleiht der Szene eine gewisse Theatralik, als würde das Ganze auf einer karg ausgestatten Bühne stattfinden. Durch den begrenztem Raum war die Produktion immer wieder gezwungen, kreativ zu werden.

Für William Forward ist *And the Rock Cried Out, No Hiding Place* die Abschiedsvorstellung als Lord Refa. Er gestand Peter Jurasik damals, dass er glaubte, JMS hätte ihn aus der Serie geschrieben, weil er ihn nicht gut genug fand. Das sagte Jurasik dem Autor und Produzenten, der dann mit Forward sprach. Nichts konnte weiter von der Wahrheit entfernt sein. Tatsächlich hatte er Refa häufiger als gedacht eingesetzt, weil Forward so gut war. Refa ist eine Figur, die zu hassen man liebt. Aber es muss irgendwann der Moment kommen, an dem sie für ihre Taten bezahlt, und der war hier.

Der Tod von Refa findet in Zeitlupe statt. Hauptgrund war, dass nicht genügend Material vorhanden war, um das mit der Gospel-Szene auf Babylon 5 als Montage zu gestalten. Aber indem das Material rund um Refas Ermordung verlangsamt wurde, stellte sich ein noch eindringlicherer Effekt ein, getragen von dem Kontrast eines freudigen Songs zu einer grausamen Tat.

Am Ende der Folge heißt es: Z Minus 10 Days – der Countdown zum Staffelfinale hat begonnen.

Kommentar

Der deutsche Titel ist im Grunde eine Frechheit – er nimmt das Ende vorweg. Der Originaltitel ist dagegen deutlich lyrischer. Er stellt damit auch einen harten Kontrastpunkt zum brutalen Ende von Lord Refa dar. Dies ist eine faszinierende Episode, weil sie Londo in neuem Licht zeigt. Wie er Vir droht, dessen Familie zu ruinieren und zu vernichten, wenn sein Assistent nicht tut, was er will, ist beängstigend. Zum Ende zeigt sich, dass es nur Teil eines Plans war, da Londo G'Kar überhaupt nicht festsetzen wollte. Er hat Vir als reinen Spielball benutzt, ihn belogen und einer Gefahr ausgesetzt – alles zum Erreichen seiner Ziele. Denn einerseits steigt Londo nach dieser Scharade am Hof des Imperators weiter auf; andererseits bekommt er die Rache, die er sich schon lange ersehnte, weil er zu blind war, um zu erkennen, dass es nicht Refa, sondern Morden war, der ihn seiner einzigen Liebe beraubte.

Die Sequenz, als Refa stirbt, ist filmisch schön umgesetzt, denn sie wird immer wieder gegengeschnitten mit dem Gottesdienst, an dem Sheridan und Delenn teilnehmen. Das verleiht dem Ganzen noch mehr Gravitas.

Die Szenen mit den Glaubensvertretern, die auf die Station kommen, sind gut. Schön ist, dass die unterschiedlichsten Konfessionen hier Hand in Hand agieren, einander respektieren und schätzen. In Babylon 5 tragen die Menschen alles ins All hinaus – das Gute und das Schlechte, das mit der Conditio Humana einhergeht, aber zumindest in einem Teil sind wir besser geworden, denn in der Zukunft von Babylon 5 scheint es keinen Glaubenskrieg irgendeiner Art zu geben. Vielmehr sind die Religionen alle nur Facetten eines Gottes.

Das Gespräch von Sheridan und dem Reverend ist toll geschrieben und genauso stark gespielt. Der Reverend öffnet Sheridan die Augen für etwas, das er nicht erkennen kann, dass Hilfe annehmen, die Bürde teilen, nicht gleichbedeutend damit ist, sie jemand anderem aufzulasten.

Ein bisschen Humor gibt es in dieser Folge auch. Sie ergibt sich aus dem Zusammenspiel von Bruce Boxleitner und Mira Furlan. Sheridan und Delenn benehmen sich hier schon wie ein Paar.

Im Verlauf der Folge gibt es einen Countdown. Dieser läuft zum Staffelfinale hin und zu Z'ha'dum, der Welt der Schatten, zu der Sheridan gehen muss. Eine starke Aufnahme am Ende ist die immens riesige Flotte an White Stars.

Das Skript

Einige Szenen sind im Skript länger. Die erste davon ist das Gespräch zwischen Ivanova und G'Kar, als der Narn anbietet, dass er für die Telepathen, die auf die Schiffe der Allianz gebracht werden, Narn-Bodyguards anbieten könnte. Ivanova weiß, dass das die Sichtbarkeit der Narn steigern würde. G'Kar erklärt, dass es den Centauri so zudem schwerer fallen würde, sie alle zu vernichten. Ivanova kommt zu der Erkenntnis, dass G'Kar gut in dem ist, was er tut. Das würde er von Menschenfrauen ständig hören, entgegnet er.

Ivanova: G'Kar, I know why you're asking this. You have a vasted interest in circulating your people around as much as possible, to help you gain public support against the Centauri.
G'Kar: Your point being …? Commander, what you say is quite true. And there is one other factor: the more my people are dispersed, the harder it will be for all of us to be wiped out when the Centauri should ever press the issue.
Ivanova: You're good, G'Kar. You're very good.
G'Kar: Human women are always telling me that.

Das Gespräch zwischen Ivanova und Bruder Theo ist etwas länger, als beide auf die Ankunft der anderen Glaubensvertreter warten. Sie glaubt, er wäre über deren Ankunft glücklich, doch er reagiert sarkastisch.

Ivanova: I don't understand … I thought you'd be happy for the company.
Bruder Theo: Oh yes. Very happy. Happy, happy, happy. So happy I could just die. Would you like me to do that? Just lie down here and expire from sheer, unvarnished joy? It's no trouble …

Nachdem Londo Vir gedroht hat, seine Familie zu vernichten, gibt es noch eine Dialogzeile von Cotto. Diese wurde wohl entfernt, weil sie später praktisch noch einmal vorkommt.

Vir: All this time, I thought I knew you, Londo. But I never knew you at all.

Das Essen mit Sheridan, Delenn, Ivanova und den Glaubensvertretern ist länger. Rabbi Meyer und Bruder Theo streiten über Theologie und darüber, ob Theos Orden eine Art Monopol auf der Station hat. Delenn fragt Sheridan, ob das ein Beispiel dafür ist, wie seine Heimat ist. Nur für die letzten 3.000 Jahre, erwidert er.

Delenn: Is this what your homeworld is like?
Sheridan: Only for the last … three thousand years.

Das Gespräch geht weiter. Will und Meyer erklären Theo, dass andere Religionen auf Babylon 5 besser vertreten sein sollten. Sheridan versucht, etwas dazu zu sagen, kommt aber nicht dazu. Ivanova schlägt mit dem Messer gegen ihr Glas und ruft zur Ruhe auf, damit Sheridan auf das Thema der Heimat zu sprechen kommen kann.

Ivanova: Excuse me … excuse me … HEY!
Meyer: This is a proper way for a nice jewish girl to talk to a rabbi?
Ivanova: I'm sorry, we don't have a lot of time. Captain?

Der Reverend erklärt noch, wie er die Datenkristalle in seiner Bibel schmuggeln konnte. Wann immer jemand die Bibel ansehen wollte, erklärte er, sie sei ein Geschenk seiner verstorbenen Tante, und jeder, der sie ihm entreißen wollte, müsse das Höllenfeuer fürchten.

In der Szene, als G'Kar Garibaldi um Hilfe bittet, ihn nach Narn zu bringen, gibt es einen kurzen Dialog mehr. Garibaldi ruft nach Marcus.

Entfernt wurde danach eine Szene mit Londo und Vir, die nur wiederholt, was man schon weiß: dass G'Kars Verhaftung ihn am Hof nach oben bringen wird.

Londo: Once G'Kar is arrested, my position will be secure, and his annoying face will no longer be here to bother me. You're sure he believed you?

Vir: Yes, very sure.

Londo: Good, good. Well, it's late, Vir. I am off to bed, to have a very peaceful and contended night's sleep. I suggest you do the same.

Nur im Skript ist eine Szene, bevor der Gospel-Gottesdienst beginnt. Theo lamentiert, dass er befürchtet, der Reverend könne singen und dass dessen Stimme selbst Blei zersplittern ließe.

Bruder Theo: I was afraid he had this in mind.

Lennier: What?

Bruder Theo: Singing. The man has a voice that could shatter lead.

Wertung von Kosh

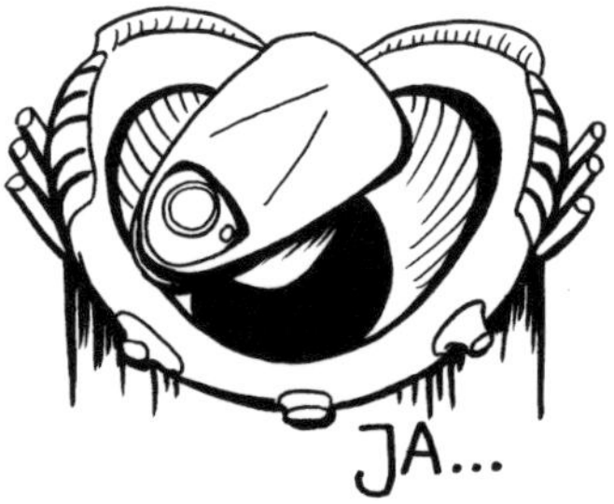

3.21
Shadow Dancing
(Der große Schlag)

US-Erstausstrahlung: 21. Oktober 1996
Deutsche Erstausstrahlung: 16. Februar 1997
Regie: Kim Friedman
Drehbuch: J. Michael Straczynski

Darsteller: Shirley Prestia (Barbara Cooper), Melissa Gilbert (Anna Sheridan), Josh Coxx (Lt. David Corwin), Mark Hendrickson (Drazi-Botschafter), Doug Cox (James Cooper)

Inhalt

Franklin wird in DownBelow angegriffen und niedergestochen. Er ruft um Hilfe, aber niemand kommt. Ein innerer Monolog findet statt – er trifft auf sich selbst, so wie er es sich von seinem Walkabout versprochen hat. Dann rafft er sich auf und findet Hilfe. Im Medlab flickt man ihn zusammen. Garibaldi besucht ihn, und Sheridan offeriert ihm später seinen alten Job, den er auch annimmt.

Sheridan und Delenn versuchen, die Liga der blockfreien Welten dazu zu bringen, Teile ihrer Flotte zur Verfügung zu stellen. Eine große Armada soll im Hyperraum warten, bis die Schatten in dem Sektor auftauchen, zu dem sie die Flüchtenden getrieben haben. Dann attackiert man sie. Die Botschafter versprechen Schiffe. Sheridan schickt Ivanova und Marcus mit der White Star vor, da sie den Sektor beobachten und sofort melden sollen, wenn die Schatten auftauchen. Das tun sie auch, und kurz darauf erscheint aus dem Sprungtor die Flotte der Allianz. Es kommt zum Kampf, den die Schatten zu verlieren drohen, weswegen sie sich zurückziehen.

Die Allianz hat gezeigt, dass sie den Schatten gefährlich werden kann. Aber Sheridan und die anderen befürchten, dass dies nun eine Reaktion heraufbeschwören wird, die gegen Babylon 5 gerichtet ist. Doch diese verläuft anders als gedacht. Sheridan schläft, Delenn ist bei ihm – und dann taucht Anna Sheridan auf.

Hintergründe

Was *Babylon 5* besser als jede andere Science-Fiction-Serie jener Zeit machte, war es, den Krieg als solchen zu zeigen, besser gesagt: die Taktik und die Strategien, die jeden Krieg bestimmen. Das war JMS wichtig. Denn meist gab es Taktik bei Weltraumschlachten nur in der Unmittelbarkeit des Aufeinandertreffens, aber echte Strategie war selten zu sehen. Bei dieser Serie sah man sie aber schon, und nirgendwo wird das deutlicher als in dieser Folge, wenn die Schatten ihrer Strategie folgen, Sheridan sie erahnt und eine Gegenstrategie entwickelt. Krieg ist im Grunde nur die brutale und gewalttätige Form eines Schachspiels – man plant voraus und hofft, die Züge des anderen vorhersehen oder erzwingen zu können.

Die Dringlichkeit eines Krieges wollte JMS außerdem mit dem Countdown zeigen. Z Minus x Tage – wofür das Z steht, konnte sich jeder Zuschauer denken: Z'ha'dum. JMS hatte bei der Planung darauf geachtet, sonst keine Namen mit Z zu haben, von Zathras abgesehen natürlich.

Während der Dreharbeiten wurde klar, dass die Folge etwas zu kurz werden würde. JMS musste also eine halbe bis eine Seite Drehbuch zusätzlich schreiben, und zwar idealerweise zu Szenen, die auf der White Star spielten, weil das Set gerade da war und man darin drehte. Nach Stunden des Grübelns kam er auf die Idee des kurzen Gesprächs von Marcus und Ivanova, bei der er ihr in der Sprache der Minbari sagt, dass sie die schönste Frau ist, die er je gesehen hat. JMS sagte später, dass er nur zehn Minuten gebraucht habe, diese Szene zu schreiben. Sie ist aber eines der Highlights der Folge, und nicht wenige Fans lieben diesen Moment.

Dass Marcus in Ivanova verliebt ist, konnte man schon erahnen, vielleicht sogar wissen, hier wird es aber Fakt – und das auf die bestmögliche Art und Weise. Wie er ihr sagt, was sie für ihn ist, aber sie es nicht versteht, ist von bittersüßer Schönheit. In der Retrospektive ist es umso tragischer, wenn man weiß, wie diese Geschichte enden wird, wahrscheinlich auch enden muss.

Am Ende taucht Anna Sheridan auf. Die Szene ist etwas anders gestaltet als in *War Without End Part Two,* weil man damals beim Dreh natürlich nicht Melissa Gilbert vor Ort hatte. Ihr »John« sprach sie erst später ein, als sie für den Dreh der letzten beiden Folgen der Staffel zur Produktion kam. Man musste manche Einstellung verändern, weil die Silhouette in der vorigen Folge nicht zu Bruce Boxleitners damaliger Frau passte. Schön ist bei ihrem ersten Auftritt hier, wie sie zuerst im Schatten steht und dann aus diesem heraustritt. Zum damaligen Zeitpunkt, als diese Folge erstmals ausgestrahlt wurde, wusste man es natürlich nicht, allenfalls konnte man es erahnen – dass sie eine Agentin der Schatten ist und ihr Stehen im Schatten ein nicht gar so subtiler Verweis darauf sein sollte.

Kommentar

Die Folge vor dem Finale der Staffel hat es in sich. Etwas wie die Schlacht der alliierten Schiffe gegen die Schatten hätte man eher in der Finalfolge erwartet. Eine riesige Menge an Schiffen kämpft vor spektakulärem Hintergrund gegeneinander, ein Highlight, das auch heute noch toll aussieht. Ganz anders ist das Gespräch, das Franklin mit sich selbst führt. Seine Version in Uniform ist deutlich unschärfer, die Technologie war einfach nicht gut genug – oder das Budget nicht ausreichend. Eine tolle Szene ist es aber dennoch: eine im Grunde schräge Art, wie JMS hier Franklin tatsächlich auf sich selbst treffen lässt. Der Doktor führt in seinem Kopf ein Zwiegespräch mit sich selbst, und ihm wird klar, was er schon lange wusste: dass er wegläuft, wenn es brenzlig wird.

Aber aus dieser Erfahrung geht Franklin als neuer Mensch hervor. Als er sich damit auseinandersetzt, dass er sterben werde, wird ihm klar, dass er noch nicht abgeschlossen hat. Dass das Leben ihm noch etwas zu bieten hat, er dem Leben noch etwas zu bieten hat, es einfach noch nicht vorbei sein darf. Er hat eine Offenbarung, die die Begegnung mit der eigenen Sterblichkeit häufig zutage fördert. Welche Lehren aus einer solchen Erfahrung gezogen werden, ist immer individuell, aber wenn der Moment kommt, da man mit der Sterblichkeit konfrontiert wird, dann gibt es ein Leben davor und eines danach. Nur eines gibt es nicht mehr: ein ›weiter so‹. Den eigenen Tod vor Augen zu haben, ist der ultimative Disruptor.

Für Franklin kommt damit die Erkenntnis, dass er alles noch einmal tun wollen würde, noch einmal am Anfang stehen will. Denn egal, wie schwer oder hart das Leben auch war, letztlich ist jeder Moment es wert, ausgekostet zu werden. Darauf kommt es tatsächlich auch an. Auf die Momente – die des Glücks, der Trauer, der Scham, des Schmerzes, der

Verzweiflung, der Freude. Ein Leben besteht nur aus Momenten, und jeder von uns läuft Gefahr, sie im Trubel des Alltags, im Trott des Lebens, unter der Bürde der Aufgaben zu vergessen. Es sind die Momente, die uns definieren.

Neben der großen Action mit der Schlacht gegen die Schatten gibt es ein bisschen Humor mit Ivanovas Versuchen, in einem Minbari-Bett Schlaf zu finden. Und: Die Beziehung von Sheridan und Delenn vertieft sich. So sehr, dass am Ende der Blick in die Zukunft aus *War Without End Part Two* Wirklichkeit wird, wenn auch ein klein wenig anders. Diesmal sieht man die Frau – es ist Anna, die verstorbene Frau von John Sheridan. Aber sie lebt. Wie und warum, das zeigt sich in der nächsten Folge auf schmerzliche Art und Weise. Der Moment, in dem Delenn die Schneekugel fallen lässt, ist ausgesprochen schön umgesetzt.

Das Skript

Es gab auf dem Weg vom Drehbuch zur Folge kaum Änderungen. Tatsächlich ist im Skript nur eine Szene länger, und die ist nicht bedeutsam. Es ist der Moment, als dem Sicherheitsmann beim Zoll die Identicard entgegengehalten wird. Hier weiß man noch nicht, dass es Anna Sheridan ist, weil alles aus ihrem Blickwinkel erzählt ist. In der Folge läuft alles glatt, im Drehbuch erklärt der Sicherheitsmann, dass sie ihre Identicard updaten lassen solle, da sie abgelaufen sei.

Security Guard: This is out of date. Stop by administration and get it updated. Next.

Wertung von Kosh

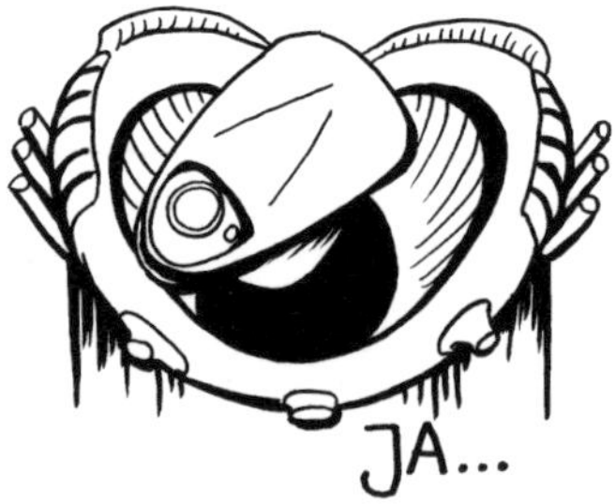

3.22
Z'ha'dum
(Der Alleingang)

US-Erstausstrahlung: 28. Oktober 1996
Deutsche Erstausstrahlung: 23. Februar 1997
Regie: Adam Nimoy
Drehbuch: J. Michael Straczynski

Darsteller: Melissa Gilbert (Anna Sheridan), Josh Coxx (Lt. David Corwin), Jeff Corey (Justin), Ed Wasser (Morden), Ardwright Chamberlain (Kosh)

Inhalt

Anna Sheridan ist auf Babylon 5 angekommen. Sie erklärt Sheridan, dass Kosh und Delenn ihm nicht die ganze Wahrheit gesagt haben. Sheridan lässt sie von Franklin auf Kopf und Nieren checken. Eine Sache fällt auf – diese bringt ihn dazu, auf Annas Wunsch einzugehen, sie nach Z'ha'dum zu begleiten. Zuvor hatte er einen Streit mit Delenn, die ihm ihre Liebe erklärte. Nun hat er eine Nachricht für sie vorbereitet, die erst aktiv wird, wenn er Z'ha'dum erreicht hat. Er sagt, dass sie ihm in einem Moment in der Zukunft sagte, er solle nicht zur Schattenwelt gehen. Aber was, wenn er das nicht getan hätte und darum Centauri Prime gefallen sei? Was, wenn er den Schattenkrieg jetzt ein und für allemal beenden könne? Er verabschiedet sich damit, dass er sie liebt.

Auf Z'ha'dum führt Anna ihn zu zweien ihrer Kollegen, dem alten Justin und Morden. Justin erklärt, dass die Allerersten vor einer Million Jahre die Galaxie verließen. Nur die Vorlonen und die Schatten blieben zurück, aber ihre Ansätze, wie die Evolution der jüngeren Spezies zu gestalten sei, sind völlig gegensätzlich. Die Schatten glauben an Evolution durch Konflikt. Wenn zwei Spezies einander bekriegen, wird die, die überlebt, stärker und besser hervorgehen. Die Vorlonen wiederum haben dafür gesorgt, dass die jüngeren Rassen sie wie Gottheiten sehen. Nun hofft Justin, dass Sheridan auf ihre Seite gezogen werden kann, dass er erkennt, dass die Zukunft der Menschheit mit den Schatten gestärkt wird. Sheridan wiederum weiß, wieso Anna nicht mehr die Persönlichkeit hat, die sie früher besaß. Die Schatten hatten sie in eines ihrer Schiffe gesteckt – das Implantat am Hinterkopf beweist es. Justin gibt das zu, sagt aber, dass man sie aus dem Schiff holte, als den Schatten klar wurde, wer sie ist. Sheridan zückt seine Waffe und feuert auf einen Schatten. Er läuft hinaus und ruft die White Star zu sich. Anna sagt, dass sie nicht mehr sei wie früher, sie ihn aber dennoch lieben könne. Sheridan hört Koshs Stimme, die ihm sagt, dass er springen solle.

Der Captain springt, und die White Star, mit zwei thermonuklearen Sprengköpfen ausgestattet, stürzt auf die Stadt der Schatten.

Hintergründe

Anfang des Jahres 1995 heirateten Bruce Boxleitner und Melissa Gilbert. Als er das Drehbuch für *Z'ha'dum* las, dachte er an seine Frau. Tatsächlich hatte sie das Skript ebenfalls gelesen und ihm dann gesagt, dass sie Lust auf diese Rolle hätte. Boxleitner sprach also mit JMS, der die Idee sehr gut fand, aber ein Problem gab es. Eine Show wie *Babylon 5* konnte sich Melissa Gilbert, die schon als Kind durch *The Little House on the Prairie (Unsere kleine Farm,* 1974-1983) zum Star geworden war, schlichtweg nicht leisten. Sie war aber bereit, für eine geringere als ihre übliche Gage zu arbeiten.

JMS hatte kurz darüber nachgedacht, ob im Sinn der Kontinuität nicht die Schauspielerin aus der zweiten Staffel als Anna zurückgebracht werden sollte. Aber Melissa Gilbert an Bord zu haben, war zu reizvoll – es versprach Publicity für die Serie. Am liebsten hätte er mit Gilbert die Szene, die ein Jahr zuvor eine andere Schauspielerin gespielt hatte, noch einmal machen lassen, um sie retroaktiv in der früheren Folge austauschen zu können, aber zeitlich ließ sich das nicht umsetzen.

Die Inszenierung der Folge übernahm Adam Nimoy, Sohn von Leonard Nimoy. Die letzte Szene mit Anna, als sie angesichts der herabstürzenden White Star schreit, ließ er mehr als 30-mal wiederholen. Erst dann war er mit dem Schrei zufrieden.

In *Z'ha'dum* lässt JMS die Schatten sich erklären. Sie folgen dem deutschen Philosophen Georg Wilhelm Friedrich Hegel, der der Meinung war, dass Frieden eine Gesellschaft lähmt, Krieg sie aber beflügelt. Diese Ideologie vertreten die Schatten, und ihr liegt eine gewisse Logik zugrunde. Das war JMS wichtig: Die Schatten durften keine Schurken um des Schurkischseins willen sein. Ihre Motivation musste nachvollziehbar bleiben.

Elemente, die man nicht gleich erkennt, gehen in dieser Folge Hand in Hand. Bei Sheridans Streit mit Delenn zeigt sich, dass sie Methodik der Vorlonen einsetzte, indem sie ihm nicht alles sagte, sondern tat, was sie für ihn als richtig erachtete. Sheridan wiederum stellt nach seiner Ankunft auf Z'ha'dum die Frage der Vorlonen: »Wer sind Sie?«

Was er den Schatten jedoch bringt, ist das, was sie den anderen Rassen bringen: Chaos. Indem er die White Star mit thermonuklearem Feuer auf sie regnen lässt, wirft er den Ameisenhügel um, wie Morden dies als Metapher zuvor bemüht hatte. Die Frage ist nur: Gehen die Schatten daraus gestärkt hervor?

JMS wollte die Folge mit einem Monolog beenden. Die natürliche Wahl war G'Kar, aber es dauerte praktisch bis zum letzten Moment, bis ihm die richtigen Worte in den Sinn kamen. Er verglich das später damit, dass die Figuren zu ihm sprechen – und dann klingt es richtig. G'Kar spricht von den Momenten des Übergangs und der Erleuchtung, von der Zukunft, die niemand kennt, und von dem, was mehr als alles zu fürchten ist, denn größer als der Tod des Fleisches ist der Tod der Hoffnung, der Tod der Träume.

Kommentar

Den großen Kampf gab es in der vorherigen Folge; dies ist eine, die auf den internen Kampf setzt, den, der in Sheridan wütet. Es gibt Momente, da ist man nicht sicher, ob er nicht vielleicht der Idee erliegt, wieder mit Anna zusammen zu sein. Aber Sheridan wäre nicht er selbst, wenn das wirklich eine Option wäre. Er weiß, was Anna ist und was die Schatten sind. Dennoch begibt er sich in die Höhle des Löwen. Hier wird es interessant. Denn in dieser Folge erklären die Schatten selbst, was sie wollen.

Ihre Ideologie ist martialisch, bis zu einem gewissen Grad aber nachvollziehbar. Wenn man die moralische Komponente vollkommen ausblendet und sich die Menschheitsgeschichte betrachtet, dann führt Konflikt tatsächlich zu Fortschritt und zu einer Art von Evolution. Die Frage ist nur: Ist es wirklich Evolution, wenn die Entwicklung letztlich nur auf dem Recht des Stärkeren basiert? Oder ist es eher Evolution, wenn ein verheerender Krieg eine Gesellschaft im Nachgang pazifistischer werden lässt?

Die Motivation, die JMS seinen Antagonisten gibt, ist packend, weil sie erklärbar ist. Das macht sie so erschreckend. Der Gegenpol sind die Vorlonen, die durch eine Art gütige Hand Entwicklung vorantreiben wollen, außerdem durch Eingriffe in den genetischen Code. Gänzlich gut sind sie damit ebenfalls nicht. Sie lassen die jüngeren Rassen einen Vorlonen als Gottheit sehen, sie haben den genetischen Code so weit verändert, dass Telepathen erschaffen wurden, die dann als Waffen im Schattenkrieg dienen sollen, und sie werden noch weit, weit mehr als das tun. Vorlonen und Schatten sind die zwei Seiten derselben Medaille.

Melissa Gilbert ist als Anna Sheridan hervorragend. Natürlich beweist sie richtig gute Chemie zu ihrem damaligen Ehemann Bruce Boxleitner. Die beiden funktionieren hervorragend miteinander. Sie spielt aber auch so, dass immer ein Hauch von Gefahr spürbar ist. Sie lächelt, aber ihre Augen lächeln nicht mit. Das sieht man als Zuschauer, vor allem sieht das aber natürlich Sheridan.

JMS ist elegant darin, die Fäden, die er zuvor gesponnen hat, hier zusammenzuführen. Er lässt Anna von dem gefundenen Schattenschiff auf dem Mars erzählen und wie das zur

Expedition auf Z'ha'dum führte. Oder wie Sheridan Morden verhörte, wobei er erkannte, dass jener auf demselben Forschungsschiff wie Anna war, aber überlebt hat. Überlebt haben, so erfährt man hier nochmals, nur diejenigen, die sich bereit erklärt haben, den Schatten zu dienen. Es hat den Anschein, dass auch Anna Sheridan das getan hat; am Ende aber zeigt sich, dass sie ein Opfer der Schatten wurde. Die White Star mit den Bomben erlöst sie, beendet den Krieg aber nicht, was man hier noch nicht weiß.

Angesichts dessen, dass JMS nicht davor zurückschreckte, auch eine Hauptfigur aus dem Spiel zu nehmen, war man damals nach dem Ende der dritten Staffel durchaus gespannt darauf, ob Sheridan wirklich tot ist. Hat ihn der nukleare Blast erwischt oder der Sprung in den bodenlosen Abgrund? Aufgrund der merkwürdigen Art, wie PTEN die Serie in den USA ausstrahlte, mussten Fans nur eine Woche auf die Antwort warten. Denn traditionell begann man bei der Ausstrahlung mit den letzten Folgen der vorherigen Staffel, die man zu diesem Zweck zurückgehalten hatte. Bei Pro 7 musste man damals indes tatsächlich drei Monate auf die Antwort warten – und das zu einer Zeit, als Nachrichten sich noch langsam verbreiteten und man nicht unbedingt mitbekam, ob Sheridan im Auftakt der vierten Staffel noch lebte oder nicht.

Das Skript

In 14 Fällen unterscheidet sich das Drehbuch von der fertigen Episode. In der Schwarzweißmontage, die von der Icarus berichtet, gibt es auch einen Reporter von INS zu hören, der erzählt, dass das Schiff auf eine sechs Monate lange Mission aufbrach, aber verschwand. In der Rückblick-Sequenz gibt es einen kurzen Moment, in dem ein Schattenschiff zu sehen ist, von dem sich im Hyperraum ein kleines Shuttle löst. Auch der Rückblick zum Verhör von Morden ist länger. Sheridan erklärt, was Annas Tod für ihn bedeutete. Ebenfalls fehlt in der Episode ein Rückblick auf Delenn, die erklärt, wie alt die Schatten sind. Danach fehlt Delenns Frage, ob die Schatten nach Z'ha'dum zurückgekehrt sind. Auch im Rückblick ist zu sehen, wie Ivanova von Zack darüber informiert wird, dass jemand an Bord gekommen ist, der etwas mit dem Captain zu tun hat.

Im Skript ist anders, wie das Gespräch zwischen Sheridan und Delenn beginnt. Hier findet es in ihrem Quartier statt. Sheridan steht an der Tür, Lennier versucht jedoch, ihn abzuwimmeln.

Lennier: Come. Captain, I …
Sheridan: Where is she?
Lennier: She is very upset at the moment. I suggest you come back later.
Sheridan: Lennier … I am not in the mood for you right now. That is between us.
Delenn: It's all right, Lennier.

Die Szene mit Londo und Vir in einer Bar im Zocalo ist länger. Als Vir fragt, was los sei, elaboriert Londo etwas mehr.

Londo: Life itself, down to the component molecules of this table. That's what's wrong. It's …

Kurz danach gibt es noch eine Dialogzeile, die in der Folge nicht enthalten ist: darüber, dass Londo für die Beförderung, die er jetzt erhalten hat, früher sogar gemordet hätte, wäre das erforderlich gewesen.

Londo: Ah, Vir … once I would have killed for this assignment. Now … it means nothing to me. It is dust in my mouth.

Nachdem der Bote der Schatten Londo die Warnung überbracht hat, die Station schnellstens zu verlassen, sucht Vir Ivanova im C&C auf und erzählt ihr davon. In dem Moment meldet sich Delenn, die sich fragt, wieso die Crew der White Star aufgefordert wurde, das Schiff zu verlassen. Sie kann Sheridan nicht finden.

Ivanova: Vir … what're you doing here?
Vir: I wanted to tell you … a little while ago, someone told Londo that he should leave the station as fast as possible.
Ivanova: Well, given Londo's behavior, that's probably an everyday occurrence.
Vir: Not this time. I think … I think something may be wrong. I think something's going to happen.

Die Szene in der White Star mit Sheridan und Anna ist länger. Als sie sagt, dass das Schiff zum Teil aus Vorlonen-Technik besteht, meint er nur, sie hätten sich noch gar nicht richtig begrüßt. Er küsst und umarmt sie, aber ein Moment der Traurigkeit zeigt sich auf seinem Gesicht.
Das Gespräch mit Justin ist ein bisschen länger. Er erklärt, dass es bedauerlich sei, wenn Rassen verschwänden, aber notwendig. Vor allem aber: Die Ankunft der Schatten scheint die natürliche Aggression aller Rassen ans Licht zu bringen.

Justin: Fact is, they don't do most of it themselves … once they reveal themselves, somehow it seems to unlock everyone's natural aggression. They start fighting each other almost overnight. Oh, sure, when things get quiet again, they have to come out, stir the pot a little … but mostly we do it to ourselves. Always have. Sometimes we just need a little help to get the ball rolling. That's where our friends come in.

Als Justin erklärt, wieso sie Sheridan nicht töten, kommt das Gespräch auf Kosh. Morden erklärt, dass Kosh die Übereinkunft gebrochen hat, nicht direkt miteinander zu kämpfen. Darum wurde er getötet. Justin sagt, dass das die Vorlonen aber nur verärgert habe und wir uns das nicht leisten können.

Justin: I was against what happened to Kosh, you know.
Morden: He broke the rules. The agreement between the two sides specifies no direct conflict, not after the last time.
Justin: Yes, yes, I know. But all this did was annoy the Vorlons and we can't afford that.

Nur im Skript ist ein kurzer Moment, als ein Licht auf den Kontrollen der White Star angeht. Der Computer warnt davor, dass die Detonation in 30 Sekunden stattfinden werde. Nach dem Ende des vierten Akts ist die erste Szene des Epilogs nur im Skript vorhanden. Londo erklärt, wieso er die Station nicht verlassen hat: weil er eine Bestimmung habe und diese ihn schütze.

Londo: So you see, I knew it would work out. As long as I am here, nothing can happen to Babylon 5. I have … a destiny, you see … Yes …

Dann hebt er sein Glas und sieht sich seine Spiegelung darin an.

Londo: Nice shark. Pretty shark. You have grown back your teeth, yes?

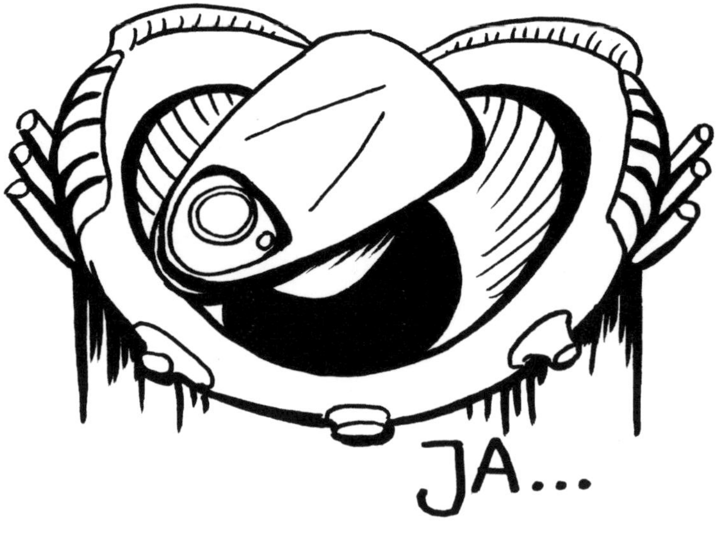

STAFFELFAZIT

Die dritte Staffel von *Babylon 5* ist jene, in der der Punkt ohne Wiederkehr erreicht wird. Dieser eine Moment, da alles anders wird, weil aus dem, was JMS gegenüber Warner im Vorfeld der Produktion als »*Casablanca* im Weltall« beschrieben hatte, »*Sieben Tage im Mai* im Weltall« wird. Der eine Film erzählt von einer Zeit, bevor die USA in den Krieg eintraten, der andere von einem Umsturz von Seiten des Militärs. Einen Umsturz gibt es auch bei *Babylon 5* – er geschah schon vor der dritten Staffel. Aber erst hier zeigt sich, wie umfänglich er ausgefallen ist.

JMS zeigt, wie die Demokratie von innen heraus ausgehöhlt wird, er warnt vor rechten und populistischen Kräften, die die Macht an sich reißen und sie dann nutzen, um ihren eigenen Status zu zementieren, und sei es über Gewaltausübung. Der erste große Moment dieser dritten Staffel kommt, als Präsident Clark die Mars-Kolonie bombardieren lässt und verschiedene Kolonien sich unabhängig von der Erdallianz erklären. Der Moment, als Sheridan es ihnen gleichtut, ist der Moment ohne Wiederkehr. Danach ist Babylon 5 nicht mehr, wie es war, selbst optisch. Denn die Crew der Station bekommt nach und nach ganz neue Uniformen. Zugleich positioniert sich Babylon 5 als Freihafen, als unabhängige Nation, als Leuchtfeuer gegen die Dunkelheit, die die Erdallianz überzogen hat.

Der zweite große Moment dieser Staffel ist, dass sich Jeffrey Sinclairs Schicksal erfüllt. Es ist inhaltlich ein starker Moment. Vor allem aber war es schön, dass Michael O'Hare ein würdiger Abschluss für seine Figur geschenkt wurde.

Als dritter und letzter großer Moment fungiert das Finale, das nicht nur die Motivation der Schatten und der Vorlonen glasklar erläutert, sondern Sheridan auf den Weg zur mythisch überhöhten Figur schickt. Es ist kein Geheimnis, dass JMS ein großer Bewunderer von *Der Herr der Ringe* ist. Manches in seinem großen Opus deutet darauf hin, so auch der Moment, als Sheridan in die Tiefe springt. Damals wusste man freilich noch nicht, ob er überleben würde. Mit

Beginn der vierten Staffel ist es dann klar. Sheridan lebt, aber nur mit geborgter Zeit. Er beschreitet den Weg, den Gandalf vor ihm ging. Sheridan stirbt, aber er kehrt zurück, so wie Gandalf der Graue starb und als Gandalf der Weiße zurückkehrte.

JMS erlaubt zudem einen Blick in die Zukunft – in die Zeit nach dem Schattenkrieg. Er ist gewonnen, aber der Preis war hoch, für niemanden wohl höher als für die Centauri. Londo ist Imperator, aber Centauri Prime ist verheert, und sie sind alle nur Knechte jener, die einst den Schatten dienten. Es ist eine mögliche Zukunft, die vielleicht auch damit zusammenhängt, ob Sheridan nach Z'ha'dum geht. Zugleich ist es eine Zukunft, die bestätigt, was man schon weiß, nämlich wie Londo Mollari stirbt – mit den Händen von G'Kar um seine Kehle. Dieser Blick in die Zukunft ist darum faszinierend, weil man nicht weiß, was dazwischen passiert. Aber all das ist JMS möglich, weil er genau wusste, wohin er mit der Geschichte wollte.

Die dritte Staffel ist auch die letzte, in der JMS so vorgehen konnte, wie er das geplant hatte. Er hatte seine Geschichte sorgfältig als Storybogen über fünf Staffen hinweg ersonnen, aber zum Ende der dritten Staffel hing das Damoklesschwert über ihm und über *Babylon 5*. Ihm wurde zu verstehen gegeben, dass nur noch eine vierte Staffel produziert werden würde. Das hieß für JMS, dass er umstrukturieren, das Material von zwei Staffeln in eine pressen musste. Das Ergebnis ist die vierte Staffel, die an Rasanz noch einmal deutlich zulegt. Die Konsequenz daraus ist aber auch eine fünfte Staffel, die im Grunde ein sehr, sehr langer Epilog ist.

Im dritten Jahr der Serie feuert JMS jedoch aus allen Rohren. Er treibt die große Handlung voran und komplementiert sie mit vielen kleinen Facetten. Die persönlichen Geschichten der Figuren dominieren die Subplots, seien es Franklins Sucht und sein Walkabout, sei es Marcus' Liebe zu Ivanova. Und selbst Nebenfiguren erfahren eine Vertiefung. Zack Allan macht eine wunderbare Entwicklung durch, und der Antagonist Bester erlebt eine Vermenschlichung. Das Leben ist eben nur selten Schwarz und Weiß; öfter ist es grau. Und innerhalb dieser Schattierungen bewegen wir uns alle, mal mehr, mal weniger zum Licht strebend.

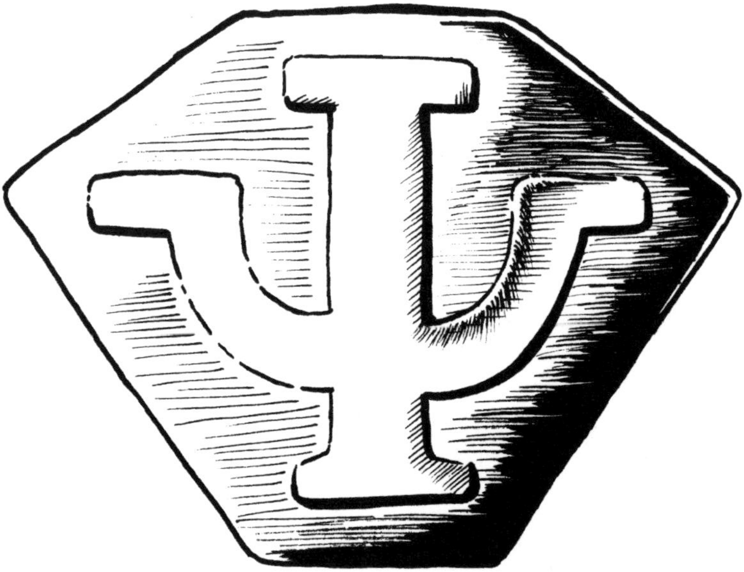

ZWISCHENSPIEL

Die selten gesehenen TNT-Promos zu *Babylon 5*

Für den Start der Serie beim US-Sender TNT wurden vier verschiedene Promos produziert. JMS schrieb kurze Monologe für Ivanova, G'Kar, Londo und Sheridan. Er benutzte mehrheitlich Material, das er bereits in der Serie eingesetzt hatte, die Interpretation durch die Schauspieler war aber neu.

Diese Spots waren so gedreht, dass die Figuren direkt in die Kamera gesprochen haben und von unten beleuchtet wurden. Dazu kamen schnelle Schnitte mit Material aus der Serie. Es gab verschiedene Versionen dieser Spots, die vor dem Start von Babylon 5: In the Beginning Anfang Januar 1998 ausgestrahlt wurden. Die Länge variierte dabei. Merkwürdigerweise nutzte der Sender nur Promos mit Ivanova und G'Kar, jene mit Sheridan und Londo wurden nicht ausgestrahlt. Im Nachfolgenden gibt es ein Transkript der Texte.

Ivanova

We're here to create the peace. To win the Shadow War. To create understanding between aliens from a hundred worlds. And to free Mars and Earth from the dictatorship of President Clark. That's why I'm on Babylon 5.

G'Kar

No dictator, no invader can hold an imprisoned population by force of arms forever. There is no greater power in the universe than the need for freedom. Against that power, governments and tyrants and armies cannot stand. The Centauri learned this lesson once. We will teach it to them again. And that's why I'm on Babylon 5.

Sheridan

We're going to prove that President Clark was responsible for the assassination of his predecessor. We're going to free Earth from the Nightwatch and the Ministry of Peace. We'll fight for the truth even if it kills us. And that's why I'm on Babylon 5.

Londo

I want my people to reclaim their rightful place in the galaxy. I want to see the Centauri stretch forth their hand again and command the stars ... I want a rebirth of glory, a renaissance of power ... I want us to be what we used to be ... I want it all back the way it was. And that's why I'm on Babylon 5.

KAPITEL 6

Die Comics
Teil 2: In Valens Namen

Anders als etwa *Star Trek* war *Babylon 5* in der Welt der Comics nie besonders erfolgreich. DC Comics veröffentlichte eine Serie mit gerade einmal elf Heften, einige Zeit später folgte die dreiteilige Miniserie *In Valen's Name,* die von JMS entwickelt wurde und von März bis Mai 1998 erschien. JMS schrieb auch das erste Heft, überließ das Texten der beiden weiteren Hefte aber Peter David, der als freier Autor an der ersten Staffel von *Babylon 5* beteiligt war.

Der Comic spielt zu Zeiten der vierten Staffel – nach dem Ende des Schattenkriegs. Ivanova erzählt von der seltsamen Geschichte, als sie einen Notruf von Babylon 4 erhielten. Just in dem Moment empfängt man einen neuerlichen Notruf der Station. Sie ist weit entfernt, aber Sheridan beschließt, dass man mit der White Star hinfliegt. Die Station sieht nicht mehr aus wie zuletzt. Man sieht ihr an, dass sie Teil eines großen Krieges war. Sie ist unbemannt, weswegen Sheridan, Delenn, Ivanova und Garibaldi sie betreten, um mehr herauszufinden. Dort begegnen sie Außerirdischen, die sie attackieren, die aber besiegt werden können. Allerdings schaffen es die Fremden zuvor noch, die White Star zu vernichten. Das ist durchaus dramatisch, da Babylon 4 sich im Orbit um eine Welt befindet und langsam in die Atmosphäre hineinstürzt. Es bleiben nur wenige Stunden.

Delenn sieht sich die Aufzeichnungen an und erfährt mehr über Valen und wie er den Krieg gegen die Schatten führte. Sie erfährt auch, dass es eine Rasse gab, von der sie nie gehört hat: die Tak'cha. Sie dienten Valen, verehrten ihn, verstanden seine Lehren aber nicht. Die Tak'cha waren bereit, ihm ins Feuer, in die Dunkelheit und in den Tod zu folgen. Wer es nicht tat, verdiente ihrer Meinung nach nicht zu leben. Als sie über einen Planeten herfielen, der sich dem Krieg gegen die Schatten nicht anschließen wollte, war Valen zutiefst enttäuscht und löste alle Bande zu den Tak'cha. Er schickte sie weg. Nichts wurde von ihnen vermerkt, weshalb Delenn nie von ihnen erfahren hatte. Nun jedoch sind sie zurück: Die Fremden, die sie angriffen, sind die Tak'cha, für die die Station auch eine besondere Bedeutung hat.

Mit ihrem Wissen um die Vergangenheit kann Delenn eine Brücke der Verständigung zu den Tak'cha erschaffen. Sie sind es schließlich, die Sheridan und die anderen retten, bevor die Station beim Eintritt in die Atmosphäre verglüht.

Eine nette Geschichte, die ein bisschen mehr Einblick in den Schattenkrieg von vor tausend Jahren offeriert. Im Grunde wäre es aber spannender gewesen, wenn dies eine Geschichte gewesen wäre, die sich nur um Valen gedreht hätte. Sie wäre dann die direkte Fortsetzung des Endes von *War Without End Part Two* gewesen. Die Handlung rund um die Leute von Babylon 5 wäre dann eigentlich nicht weiter wichtig gewesen. Vielleicht wollte man bei DC aber auch, dass die Hauptfiguren der Serie vorkommen, um für Käufer reizvoller zu erscheinen.

Letztlich ist es schade, aber die Valen-Segmente sind dennoch faszinierend. Weil Valen aus Sicht verschiedener Minbari zu sehen ist, erfährt man, wie ihn Mitglieder der religiösen oder der Kriegerkaste sahen. Es gibt nur wenige Szenen, in denen Valen wirklich agiert, aber die sind hervorragend. Sie zeigen einen Sinclair, der damit hadert, dass er nicht nur der Anfang der Geschichte, sondern auch ihr Gefangener ist. Er könnte den Erd-Minbari-Krieg verhindern, aber was wäre der Preis? Es hätte kein Babylon 4 und auch kein Babylon 5 gegeben, der Krieg in der Vergangenheit wäre verloren worden, und im Schluss daraus jener in der Gegenwart auch – wenn es ihn überhaupt gegeben hätte.

Zugleich sieht man Valen als spirituellen Führer, der die Minbari eint wie niemand zuvor. Letztlich bietet der dreiteilige Comic aber auch nur Einblick in einen ganz, ganz winzigen Teilbereich des Schattenkriegs von vor tausend Jahren. Im Grunde hätte man daraus eine ganze Serie machen können. Sollte es je Überlegungen in diese Richtung gegeben haben, so dürfte der überschaubare Abverkauf der Hefte sie zunichte gemacht haben.

Die Zeichnungen von Michael Collins sind gut. Die Hauptfiguren der Serie sind mehrheitlich gut getroffen. Gerade die Szenen zu Valens Zeit sind aber besonders schön, weil Collins hier stark mit dem Layout der Panels spielt und verstärkt auf kreisförmige Bilder setzt.

Das erste Heft ist besser geschrieben als die beiden nachfolgenden. Peter David ist zwar ein guter Autor, der auch ein Ohr dafür hat, Figuren so sprechen zu lassen, wie man sie aus der Serie kennt, aber die Texte von JMS haben ein bisschen mehr lyrische Schönheit inne. Am Ende wird eine kleine Frage beantwortet, die vielen schon vergessen schien – was geschah mit Catherine Sakai?

Sinclair erwähnt sie, aber das ist ein Fehler im Skript. In dieser Botschaft an Delenn hätten nur sie, Susan und Michael genannt werden sollen. Catherines Name ist enthalten, zum Schluss heißt es jedoch: »And as for me … I received my own reward because I've found her. At long last I've found … her.«

Gemeint ist damit Catherine Sakai, die im Jahr 2259 in einem temporalen Riss verschollen ging und in Valens Ära wieder auftauchte. JMS erklärte damals, dass es ein simpler Fehler war, dass Sinclair ihren Namen zuvor erwähnt. Das hätte nicht sein sollen.

Der bislang letzte *Babylon 5*-Comic erschien im Jahr 2007. Es handelt sich dabei nur um eine achtseitige Geschichte, die als Bonus zur DVD-Veröffentlichung von *Babylon 5: The Lost Tales* produziert wurde und nur in einer Edition erhältlich war, die in der amerikanischen Warenhaus-Kette Best Buy veräußert wurde. Auch auf der San Diego Comic Con war der Comic in jenem Jahr erhältlich. Er wurde von JMS geschrieben und von Kaare Andrews und Shannon Blanchard gezeichnet.

Die Geschichte spielt im Jahr 2271, nach *Babylon 5,* nach *Crusade.* Dr. Franklin erwirbt ein Schiff, mit dem er über zwei Jahre hinweg unterwegs sein kann, ohne dass die Energiezelle aufgeladen werden müsste. Er möchte über den Rand des bekannten Universums hinausgehen und sehen, was dort draußen ist. G'Kar hört davon und schließt sich ihm an. Auf einer Doppelseite erfährt man, dass sie fremde Welten besuchten, fremden Völkern halfen, Licht dort hinbrachten, wo die Dunkelheit herrschte. Forscher, die Jahre und Jahrzehnte später die Welten jenseits des bekannten Raums besuchten, fanden, dass es in den unterschiedlichsten Sprachen zwei Worte gab, die immer vorhanden waren: Franklin und G'Kar.

Der kurze Comic ist Richard Biggs und Andreas Katsulas gewidmet, die vor der Produktion von *Babylon 5: The Lost Tales* verstorben sind.

ZWISCHENSPIEL

Was plante JMS denn da? - *The Mysteries of Babylon 5*

Vor dem Start der dritten Staffel schlug JMS dem Sender ein einstündiges Special vor, das aus Material aus der Serie, aber auch aus Interviews und Outtakes bestehen sollte. Die Idee war, dass man innerhalb dieser Stunde zusammenfasst, was sich in den ersten beiden Staffeln der Serie getan hatte. Damit hatten auch Zuschauer, die nun neu einsteigen wollten, die Chance, auf den neuesten Stand gebracht zu werden. Andernfalls hätten sie sich die Zusammenhänge während des Sehens selbst erarbeiten müssen. JMS glaubte zu Recht, dass das eine große Hürde sein würde.

Damals war diese Art von Specials aber noch sehr ungewöhnlich. Tatsächlich gab es nur zwei Serien, die damit experimentiert hatten. Zum einen war das die Sitcom *Murphy Brown (Murphy Brown,* 1988-1998), zum anderen *The X-Files (Akte X,* 1993-2002). Das Special zu den X-Akten lief ein Jahr, bevor JMS seinen Vorschlag unterbreitete. Es fasste zusammen, was in der ersten Staffel passiert war und bereitete den Zuschauer auf die zweite Staffel vor. Für den Sender Fox war es ein großer Erfolg, schon allein deswegen, weil die Quoten von *The X-Files* beständig stiegen und ein solches Special half, die Zuschauer up-to-date zu bringen.

In seinem Vorschlag für die Serie ging JMS auch auf diese beiden Specials ein – das zu *Murphy Brown*, das auch Interviews und Outtakes enthielt, und das zu *The X-Files,* das nur aus Clips aus der Show bestand, die von einem Erzähler in Kontext gesetzt wurden. Ihm schwebte ein ähnlicher Ansatz vor. Er wollte Clips der ersten beiden Staffeln in chronologischer Ordnung präsentieren, um dem neuen Zuschauer sowohl die Station als auch die Figuren und die verschiedenen Handlungsstränge vorzustellen.

Dazu hätte es einen Erzähler geben sollen, der all dem eine Form gibt. Er schlug Bruce Boxleitner dafür vor. Letztlich hätte es aber auch ein Sprecher sein können, der mit *Babylon 5* in keiner Verbindung stand.

Außerdem wollte er Interviews integrieren. Diese hätte man zeitgleich mit den ersten Folgen der dritten Staffel mit den Schauspielern geführt, die hier über ihre Rollen hätten sprechen, aber auch die eine oder andere Anekdote zum Besten geben sollen. Außerdem wollte JMS ein paar Behind-the-Scenes-Aufnahmen, die die Dreharbeiten zeigen, und einige Outtakes, die er als besonders lustig empfand, einsetzen.

Der Titel des Specials sollte *The Mysteries of Babylon 5* sein. Letztlich entschied sich der Sender dagegen. Eine ziemlich kurzsichtige Entscheidung, da die Kosten für ein solches Special sehr überschaubar gewesen wären, und es hätte helfen können, ein Publikum zur Serie zu ziehen, das bisher keine Folge gesehen hatte.

Björn Sülter erinnert sich ... an Richard Biggs

Es ist schon fast ein Vierteljahrhundert her, dass ich Richard Biggs persönlich kennenlernen durfte. Es war – wie sollte es anders sein – auf der FedCon in Bonn. Übrigens waren dort damals auch Claudia Kern und Peter Osteried anwesend. Zu diesem Zeitpunkt kannte ich die beiden aber noch nicht persönlich.

Obwohl Anfang des Jahrtausends diverse Darstellerinnen und Darsteller aus *Babylon 5* bei der Con ein- und ausgingen, ist mir die Begegnung mit Biggs am meisten im Gedächtnis geblieben.

Man muss wissen, dass Biggs bereits seit seinem dreizehnten Lebensjahr an Problemen mit seinem Gehör litt und sich Zeit seines Lebens für Menschen engagierte, denen es ähnlich ging. In seinem Panel war eine Frau, die auf Hörgeräte angewiesen war und während des Q&As auch eine Frage dazu gestellt hatte. Am Ende des Panels unterhielt ich mich am Bühnenrand mit ihr und bemerkte plötzlich, dass Biggs samt einer Betreuerin von der Con neben mir stand und uns zuhörte. Peinlich berührt und schrecklich nervös begrüßte ich ihn, erklärte mit Händen und Füßen und in rudimentärem Englisch, worüber wir gerade gesprochen hatten, und entschuldigte mich zugleich für mein an diesem Tag wirklich erbärmliches Englisch. Er sah das natürlich anders oder war zu höflich, um mir zuzustimmen, wollte dann aber vor allem der schwerhörigen Frau seinen Respekt ausdrücken. Er sagte ihr, wie sehr er ihren Mut und ihren Willen bewunderte, und nahm sie dann herzlich in den Arm.

Das allein wäre schon eine wunderbare Erinnerung gewesen. Als er jedoch alles gesagt hatte, wandte er sich plötzlich wieder mir zu und fragte mich, woher ich denn käme. Ich erklärte ihm kurz, dass ich im nördlichsten Bundesland lebe, aber in Berlin aufgewachsen sei. Mit Kiel konnte er nichts anfangen, Berlin weckte aber sein Interesse. Er fragte nach, in welchem Teil, wie es damals dort vor dem Mauerfall gewesen sei, wie ich die Wende erlebt hätte und ob ich wisse, wie die Stadt sich seitdem verändert hat. Er selbst berichtete noch von einem Freund, der einige Jahre vor dem Mauerfall in Berlin stationiert war, was ihn wiederum dazu gebracht hatte, vieles über die Geschichte unserer Hauptstadt und Deutschlands an sich zu recherchieren.

Es war mir eine riesige Freude und Ehre, ihm in diesen wenigen Minuten, die wir zur Verfügung hatten – weil seine Betreuerin mehrfach bedeutungsschwer auf die Uhr zeigte – ein paar Einblicke zu geben, wie ich all das erlebt hatte. Für mich war es eine kurze Reise in die Vergangenheit, bei der er mir das Gefühl gab, dass ihn Land und Menschen sowie die bewegte Geschichte unseres Landes von Herzen interessierten. Seine Aura war warm und angenehm, und ich werde ihn immer als besonderen Menschen in Erinnerung behalten, der mir einen meiner schönsten Con-Momente geschenkt hat, ohne dass ich es irgendwie darauf angelegt hatte.

Am Ende machte er sogar noch einen Scherz, der zurück zum Anfang unseres Gesprächs führte. Er sagte nämlich sinngemäß: »Look whose English improved in just a matter of minutes.« Keine Frage, dass er mir damit damals ein fettes Grinsen ins Gesicht gezaubert hat, oder?

Danke, Mr. Biggs. Ich werde Sie und unsere ›fünf Minuten‹ nie vergessen.

AUSBLICK

Keine Kapitulation, kein Rückzug

Die dritte Staffel gilt vielen als Höhepunkt der Serie – mehr noch: Sie ist die erste Staffel, in der JMS wirklich alles so durchgezogen hat, wie er es wollte. Leider jedoch war es gleichzeitig die letzte, auf die das zutraf.

Die Qualität der Drehbücher, der Dialoge und des Aufbaus der Dramaturgie war nie besser als hier. JMS zog alle Fäden, schrieb erstmals jedes einzelne Drehbuch und führte sein Ensemble virtuos … in den Abgrund. Niemand, der damals den Cliffhanger unvorbereitet im Fernsehen erleben durfte, wird dieses Gefühl je wieder vergessen. Es fühlte sich nach dem grausamen Ende von etwas Geliebtem, aber auch nach dem potenziell spannenden Anfang von etwas gänzlich Neuem an. *Babylon 5* war auf dem Zenit angekommen.

Unsere Buchreihe hingegen hat mit diesem dritten Band die Halbzeit erreicht. Im vierten Teil der *Babylon 5-Chronik* befassen wir uns dann mit der vierten Staffel der Serie, die in den Jahren 1996/1997 erstmals in den USA ausgestrahlt wurde und mit gut anderthalb Jahren Verzögerung auch zu uns nach Deutschland kam. Das Motto der Staffel lautete im Deutschen ursprünglich »Die Befreiung von Proxima 3«, eben weil man die titelgebende Episode so eindeutschte. Korrekterweise benennt man sie heute jedoch im Sinn ihres Originaltitels: »Keine Kapitulation, kein Rückzug«.

Natürlich musste zuerst der heftige Cliffhanger aufgelöst werden. Danach ging es jedoch weiterhin ans Eingemachte, weil JMS gezwungen wurde, seine große Rahmenhandlung schneller zu beenden. Dass er doch noch eine fünfte Staffel erhalten würde, ahnte damals noch niemand. Versprechen können wir schon einmal, dass sich unter den erneut zweiundzwanzig Episode wieder einige Perlen finden werden, was uns auch im nächsten Buch wieder viele spannende Themen beschert.

Worum es dann genau gehen wird? Um einen neuen Anfang, wie und die verschiedenen Charaktere im Intro verraten.

Es war das Jahr des Feuers ... das Jahr der Zerstörung ... das Jahr, in dem wir zurückeroberten, was uns gehörte.

Es war das Jahr der Wiedergeburt ... das Jahr von großer Trauer. Es war das Jahr der Schmerzen und das Jahr der Freuden. Es war ein neues Zeitalter. Es war das Ende der Geschichte, das Jahr, in dem sich alles änderte.

Das Jahr: 2261

Der Ort der Handlung: Babylon 5.

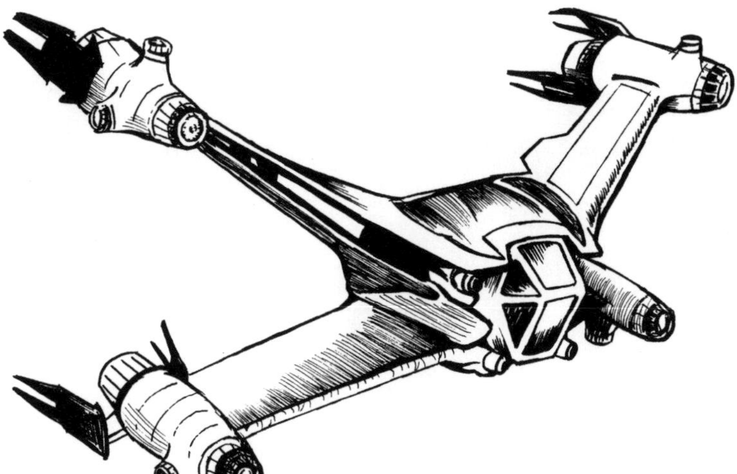

DER VERLAG

Lesen ist wie Fernsehen im Kopf!

So lautet ein Slogan, den wir für uns aufgegriffen haben.

Seit fünf Jahren ist es unser Anliegen, Ihnen ein spannendes Programm in diesem "Kopf-Fernsehen" zu bieten, das im Gegensatz zu den schwarzen Zeichen auf weißem Grund in Ihrem Kopf gerne in Farbe und so bunt wie möglich ablaufen darf.

Richtig bunt sollen die Welten also sein, in die wir Sie mit unseren Büchern entführen wollen. Nicht beliebig, nicht von der Stange. Unsere Geschichten sind nicht durch die Marktforschung gegangen, aber kommen von Herzen.

Entdecken Sie unsere Visionen.
Folgen Sie uns in fantastische Welten. In Farbe und Bunt.

Der **Verlag in Farbe und Bunt** bietet Romane, Biografien, Sachbücher, Comics, E-Books, Kinder-, Jugend- und Hörbücher aus allen Bereichen und für jedes Alter.

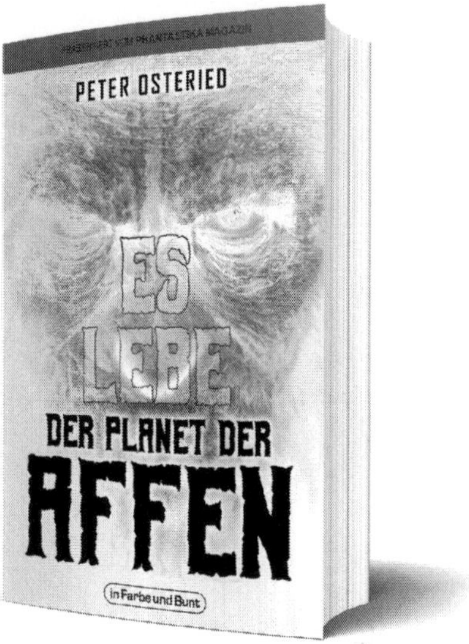
PETER OSTERIED
ES LEBE
DER PLANET DER
AFFEN
in Farbe und Bunt

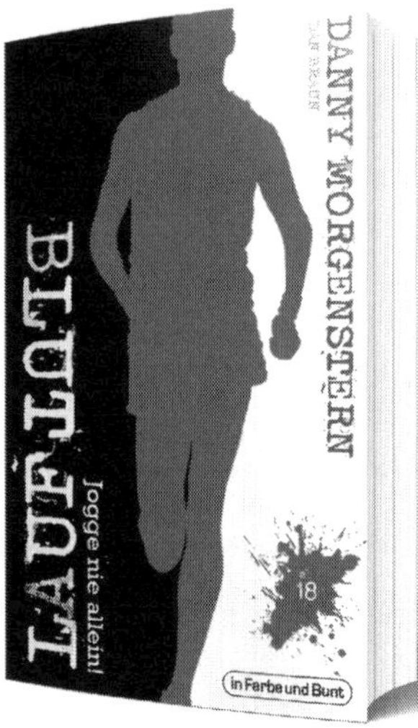
DANNY MORGENSTERN
BLUTLAUF
Jogge nie allein!
18
in Farbe und Bunt

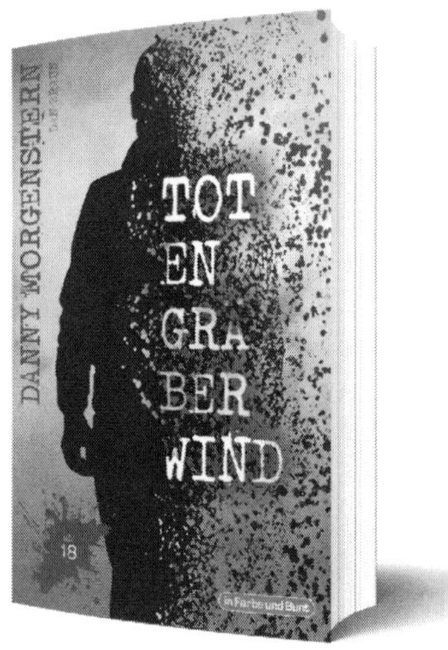
DANNY MORGENSTERN
TOT
EN
GRA
BER
WIND
18
in Farbe und Bunt